佛养心 道养智

李昊 编著

中国商业出版社

图书在版编目（CIP）数据

佛养心道养智 / 李昊编著. —北京：中国商业出版社，2008.10

ISBN 978-7-5044-6285-5

Ⅰ. 佛… Ⅱ. 李… Ⅲ. 个人—修养—通俗读物 Ⅳ. B825-49

中国版本图书馆 CIP 数据核字（2008）第 142929 号

责任编辑：唐伟荣

中国商业出版社出版发行
010-63180647 www.c-cbook.com
（100053 北京广安门内报国寺 1 号）
新华书店经销
天津冠豪恒胜业印刷有限公司印刷
*
710 毫米 ×1000 毫米 16 开 17.5 印张 260 千字
2008 年 10 月第 1 版 2020 年 3 月第 2 次印刷
定价：48.00 元

* * * *

（如有印装质量问题可更换）

前言 PREFACE

从达摩祖师千辛万苦用一叶扁舟将普度众生的佛教载到中国这片肥沃的土地上，到唐宋佛教大盛遍地开花，佛教已经在这个宽广博大的国家兴盛了千余年。

所谓“佛养心道养智”，就是要身处尘世的人们在佛道禅心的熏陶下，用一种健康豁达的心态，拥有快乐美好的人生。

佛心道智告诉我们：不劳而获带给你的仅仅是锦衣玉食，没用的安逸，未必真的是幸福。“祸兮福所倚，福兮祸所伏。”辛苦工作，任劳任怨的未必就是笨蛋；投机取巧，偷工减料的也未必就是聪明人。贡献出自己的才干，才有资格接受回报。失去了劳动，也就没有了生存和幸福的保障。

佛心道智勉励我们：“求人不如求己。”人要自强自立，在这个世界上没有人有义务帮助你，即使是父母，在你年满十八岁以后，也不再有这项义务。他人最多给你提供一个上升的平台， 凡事都要相信自己。只有你自己相信了自己，才能让别人相信你。在这个个性张扬、主张自我的年代，自信是我们真正需要和最重要的。

佛心道智劝诫我们：不要等失去后才后悔当初没有好好珍惜。世上没有卖后悔药的，时光更不会倒流。看似平淡的生活让人乏味，但一旦让你陷入动荡与不幸中，你就会领悟到生活平静的真谛。

佛心道智激励我们："王侯将相，宁有种乎？"中国历史上历代开朝皇帝大多是赤贫小子，倒是葬送掉王朝的都是受过良好教育，也受惯了锦衣玉食的"败家子"。如今社会，早无等级贵贱之分，只要肯努力，没有什么不可以！

名人也好，凡人也罢；也许家财万贯，也许不名一文；不论春风得意，还是郁郁寡欢……这本《佛养心道养智》都会让你体察到自己的内心，清扫你落满尘埃的心灵，你会发现，原来生活不必那么沉重，给自己留一点转身的空间、一点休息的时间，生活会更加美好。

目录 CONTENTS

第一章　生命因淡泊名利而清澈

第二章 “放下”，生活中处处有欢乐

第三章 博爱与宽容，使我们的生命更有意义

第七章　打破常规，意念便是转机

第八章 看清自己是人生头等大事

第一章 生命因淡泊名利而清澈

俗话说："雁过留声，人过留名。"俗世之人大多挣扎在名利网中，绞尽脑汁，费尽体力，为名利争得头破血流，身心疲惫。甚至在追求名利欲望的过程中迷失真我，害人害己。唯有那些淡泊名利无所奢求的大智之人，才能超脱名利之心，看透生命的真谛，于红尘之中学得心灵宁静，在岁月流转之间活得开心快乐。

1. 中正平和才是悟道之本

有一个学僧到法堂请示禅师道："我常常打坐，时时念经，早起早睡，心无杂念。在您座下没有一个人比我更用功了，为什么就是无法开悟？"

禅师拿了一个葫芦、一把粗盐，交给学僧说道："你拿着这个葫芦，先装满水，再把这把粗盐溶化进去，这样于你就可以开悟了！"

学僧一切照办，过了不多久，跑回来对禅师说道："葫芦太小，盐块太多了。我装进盐去怎么搅都化不了，我还是无法开悟。"

禅师拿起葫芦倒掉了一些水，只摇了几下，盐块就溶化了。禅师慈祥地说道："一天到晚用功，不留一些平常心，就如同装满水的葫芦，摇不动，搅不得，如何化盐，又如何开悟？"

学僧问道："难道不用功可以开悟吗？"

禅师说："弦太紧会断，弦太松则弹不出声音，中正平和之心才是悟道之本。"

学僧终于恍然大悟：时时刻刻急于开悟的人是永远无法开悟的。

当一个人过分执着于做某一件事情的时候，他的思维就会变得僵化、呆板，不懂得变通，没有回旋的余地，从而离自己的目标越来越远。这就是所谓的过犹不及。有这样一个故事：

一个过路的人大起胆子去问一个卖鬼的人："你的鬼，一只卖多少钱？"

卖鬼的人说："一只要200两黄金！"

"你这是卖的什么鬼？要这么贵！"

卖鬼的人说："我这鬼很稀有的，它是只巧鬼。任何事情只要主人吩咐，它全都会做。它又是只工作鬼，很会工作，一天的工作量抵得上100人。你买回去只要很短的时间，不但可以赚回200两黄金，还可以使你成为富翁呀！”

过路的人感到疑惑：“这只鬼既然那么好，为什么你不自己使用呢？”

卖鬼的人说：“不瞒您说，这鬼万般好，唯一的缺点是，只要一开始工作，就永远不会停止。因为鬼不像人，它是不需要睡觉休息的。所以您要24小时，从早到晚把所有的事吩咐好，不可以让它有空闲，只要一有空闲，它就会完全按照自己的意愿工作。我自己家里的活儿有限，不敢使这只鬼，才想把它卖给更需要的人。”

过路的人心想自己田广地大，家里有忙不完的事，就说：“这哪里是缺点，实在是最大的优点呀！”

于是他花了200两黄金把鬼买回了家，成了鬼的主人。

主人叫鬼种田，没想到一大片地，两天就种完了。

主人叫鬼盖房子，没想到三天房子就盖好了。

主人叫鬼做木工装潢，没想到半天房子就装潢好了。

整地、搬运、挑担、舂磨、炊煮、纺织……不论做什么，鬼都会做，而且很快就做好了。

短短一年，鬼的主人就成了大富翁。

但是，主人和鬼变得一样忙碌，鬼是做个不停，主人是想个不停。他劳心费神地苦思下一个指令，每当他想到一个困难的工作，例如在一个核桃核里刻10艘小舟，或在象牙球里刻9个象牙球，他都会欢喜不已，以为鬼要很久才会做好。

没想到，不论多么困难的事，鬼总是很快就做好了。

有一天，主人实在撑不住，累倒了，忘记吩咐鬼要做什么事。

于是，鬼把主人的房子拆了，将地整平，把牛羊牲畜都杀了，一只一只“种”在田里。将财宝衣服全部舂碎，磨成粉末。再把主人的孩子杀了，丢到锅里烹煮……

正当鬼忙得不可开交时，主人从睡梦中惊醒，才发现一切都没有了。

原来，永远不停止地工作，真是最大的缺点呀！

古人曾云："矫枉过正"。意思是：想要一个人改正错误，必须要令其做到最好才行。这句话用在当代，就失之偏颇。孔孟提倡"中庸"，即希望人们做人做事都不要走极端，做得不够固然不好，然而做得太多的后果也不是你所想要的。所以保持一颗中正平和之心，顺其自然才是最好的。

2. 不以物喜，不以己悲

临济禅师，因长住山西临济院而得名。他开创了"临济宗"，在中唐以后这种宗派很兴盛。临济宗的特点就是"机锋峻烈"，敢于"呵佛骂祖"，反对权威和经典。

有一次，临济路过达摩塔。

塔主问他："你是先拜释迦牟尼，还是先拜达摩？"

临济回答说："佛和祖都不拜。"

塔主不解地问："他们跟你有仇吗？"

临济不加理会，扬长而去。

又有一次，临济坐堂讲法，语出惊人："佛教的十二部经典，是擦屁股的旧纸；佛是虚幻之身；祖师达摩只是一个老和尚。"见有的和尚大惊失色，他不慌不忙地解释道："佛祖跟我们一样都是爹娘生养的，有生有死。你想成佛，就被佛魔抓住；你想求祖，就被祖魔抓住。如果有所求，都是苦事，还不如无所求。"

最后，临济又说："你们如果想得到佛法，就不要受人拘谨和迷惑。向里向外，应该逢着便杀，逢佛杀佛，逢祖杀祖，遇到罗汉就杀罗汉，遇到父母就杀父母，这样才能不拘泥于物相，真正解脱。"

这里的"杀"，不是教人杀人犯罪，而是从心里面祛除、傲视的意思，说白了就是：无所求。

大千世界，芸芸众生，并不是每个人都能像临济禅师那样，"逢佛杀佛，逢祖杀祖"，能够做到"不以物喜，不以己悲"就不错了。然而，事实上还有那么一些人，被自己的心魔抓住，追名逐利不择手段，到头来弄得自己身败名裂。

唐朝诗人宋之问有一个外甥叫刘希夷，很有才华，是一个年轻有为的诗人。一日，刘希夷写了一首诗，叫作《代悲白头翁》，到宋之问家中请舅舅指点。当刘希夷诵到"古人无复洛阳东，今人还对落花风。年年岁岁花相似，岁岁年年人不同"时，宋之问情不自禁连连称好，忙问此诗可曾给他人看过。刘希夷告诉他刚刚写完，还不曾给别人看。宋之问便说道："你这诗中'年年岁岁花相似，岁岁年年人不同'二句，着实令人喜爱，若他人不曾看过，让与我吧。"刘希夷坚决地拒绝道："此二句乃我诗中之眼，若去之，全诗无味，万万不可。"

晚上，宋之问睡不着觉，翻来覆去只是念这两句诗。心想，此诗一面世，便是千古绝唱，名扬天下，一定要想办法据为己有。于是他起了歹意，命手下人将刘希夷活活害死了。

后来，宋之问获罪，先被流放到钦州，又被皇上勒令自杀，天下文人闻之无不称快！刘禹锡说："宋之问该死，这是天之报应。"

俗话说"雁过留声，人过留名"，谁也不想默默无闻地活一辈子，自古以来胸怀大志者多把求名、求官、求利当作终生奋斗的三大目标。三者能得其一，对一般人来说已经终生无憾，若能尽遂人愿，更是幸运之至。然而，有取必有舍，有进必有退，任何获取都需要付出代价。问题在于，付出的值不值得。

为了公众事业，为了民族和国家的利益，为了家庭的和睦，为了自我人格的完善，付出多少都值得，否则付出越多越可悲。临济禅师所说的无所求，正是从这个意义上提出的人生命题。在求取功名利禄的过程中，奉劝诸君少一点贪欲，多一点节制，莫为名利遮望眼。

对于常人来说，求名并非坏事。一个人有名誉感就有了进取的动力，有名誉感的人同时也有羞耻感，不想玷污自己的名声。但是，什么事都不能过分追求，过分追求又不能一时获取，求名心太切，有时就容易产生邪念，走上邪道。结果名誉没求来，反倒臭名远扬，遗臭万年。

在中世纪的意大利，有一个叫塔尔达利亚的数学家，在国内的数学擂台赛上享有“不可战胜者”的盛誉，他经过自己的苦心钻研，找到了三次方程式的新解法。这时，有个叫拉比丹诺的人找到了他，声称自己有千万项发明，只有三次方程式于他是不解之谜，并为此而痛苦不堪。善良的塔尔达利亚被哄骗了，把自己的新发现毫无保留地告诉了他。谁知，几天后，拉比丹诺以自己的名义发表了一篇论文，阐述了三次方程式的新解法，将成果据为己有。他的做法在相当一个时期里欺瞒住了人们的眼睛，但真相终究还是大白于天下了。现在，拉比丹诺的名字在数学史上已经成了科学骗子的代名词。

名利之心人皆有之，这当然是正常的，问题是要能进行自控，不要把名利看得太重，到了接近极限的时候，要能把握分寸，跳得出这个圈子，不为名利之争而舍弃一切。

宋之问、拉比丹诺等也并非无能之辈，他们在各自的领域里都是很有建树的人。就宋之问来说，即便不夺刘希夷之诗，也已经名扬天下。糟的是，心不足，欲无止境！俗话说，钱迷心窍，岂不知“名”也迷心窍。一旦被迷，就会使原来还有一些颇有才华的“聪明人”变得糊里糊涂，使原来还很清高的文化人变得既不“清”也不“高”，做起连普通老百姓都不齿的肮脏事情，以致弄巧成拙，美名变成恶名。

还是苏东坡先生说得好：“苟非吾之所有，虽一毫而莫取。”美名美则美矣，只是对于那些还有一点正义感，有一点良知的人，面对不该属于他的美名，受之可以，坦然却未必办得到！得到的是美名，也是一座沉重的大山，一条捆缚自己的锁链，早晚会被压垮，压得自己喘不上气来。如果真有人对此能坦然受之，那这个人的品质也就算恶得可以了！

佛心道智

临济禅师的修行不可谓不高，在他眼里，连佛祖都没有，哪还会有什么名利。这才是无所求的最高境界。然而，这种境界不是尘世中人可以达到的。对于我们常人来说，做一个积极的、正直的人，能够为他人、国家、民族做些事，与此同时，自己也适当地得到名利，就算人生比较高的境界了。但一定要谨记：千万不能让名利熏了眼睛，不择手段地去中饱私囊，这样只能害人害己。

3．节制自己的欲望

有个弟子问禅师："世上最可怕的是什么？"

禅师说："欲望！"

弟子满脸疑惑。

禅师说："听我讲一个故事吧！"

故事是这样的：有一个农民想要买一块地，他听说有个地方的人想卖地，便决定到那里去打探一下。到了那个地方，他向人询问："这里的地怎么卖呢？"

当地人说："只要交1000块钱，然后就给你一天时间，从太阳升起算起，直到太阳落下地平线，你能用步子圈多大的地，那些地就是你的了；但是如果不能回到起点，你将不能得到一寸土地。"

农民心想："那我这一天辛苦一下，多走一些路，岂不是可以圈很大一块地，这样的生意实在是太划算了！”于是他就和当地人签订了合约。

太阳刚一露出地平线，农民就迈着大步向前疾走，到了中午的时候，他回头已经看不见出发的地方了才拐弯。他的步子一分钟也没有停下，一直向前走着，心里想：“忍受这一天，以后就可以享受这一天的辛苦所带来的欢悦了。”

农民又向前走了很远的路，眼看着太阳快要下山了，他心里非常着急，因为如果他赶不回去的话就一寸地也不能得到了，于是他赶紧走斜路向起点赶去。可是太阳也马上就要落到地平线以下了，于是他加紧了脚步。最后，只差两步就要到达起点了，但由于他的力气已经耗尽，倒在了那里，倒下的时候他的两只手刚好触到了起点的那条线。那片地归他了，可是又有什么用呢？他的生命已经失去了，还有什么意义呢？

禅师讲完，闭目不语，弟子顿有所悟。人的欲望与现实之间的鸿沟永远无法填满。别去强求那些本来不应该属于自己的东西，因为那是徒劳的，一味地填充也无法填满你欲望的黑洞，倒不如坐下来，给自己定一个真正的目标，充分享受实现这个目标所带来的快乐。

拉斐尔十一岁那年，一有机会便去湖心岛钓鱼。在鲈鱼钓猎开禁前的一天傍晚，他和妈妈早早地又来钓鱼。安好诱饵后，拉斐尔将鱼线一次次甩向湖心，落日余晖下湖面泛起一圈圈的涟漪。

忽然钓竿的另一头沉重起来。他知道一定有大家伙上钩，急忙收起鱼线。终于，拉斐尔小心翼翼地把一条竭力挣扎的鱼拉出水面。好大的鱼啊！它是一条鲈鱼。

月光下，鱼鳃一吐一纳地翕动着。妈妈打亮小电筒看看表，已是晚上十点——但距允许钓猎鲈鱼的时间还差两个小时。

“你得把它放回去，儿子。”妈妈说。

“妈妈！”孩子哭了。

“还会有别的鱼的。”母亲安慰他。

“再没有这么大的鱼了。”孩子伤感不已。

他环视了四周，并没有看到一个鱼艇或钓鱼的人，但他从母亲坚决的脸上知道自己别无选择。暗夜中，那鲈鱼抖动着笨重的身躯慢慢游向湖水深处，渐渐消失了。

这是很多年前的事了，后来拉斐尔成了纽约市著名的建筑师。他确实没再钓到过那么大的鱼，但他却为此终身感谢母亲。因为他通过自己的诚实、勤奋、守法，猎取到了生活中更大的鱼——事业上成绩斐然。

佛心道智

人之所以为人，是因为人除了会依靠本性做事以外，还会运用理性的思维去指导自己的行为。什么该做，什么不该做，自己心中要有个衡量的标准。本能的欲望是无限的，所以我们要学会理性的节制，如果任由欲望扩张、肆虐，最终受伤的只能是自己。

4．真正的宝珠

佛陀在灵山会上，手中拿了一颗什色摩尼珠，问四方天王：“你们看一看这颗摩尼珠是什么颜色？”

四方天王看后，分别答道是青、黄、赤、白色泽。佛陀就将摩尼珠收回，舒开手掌又问道：“我现在手中的这颗摩尼珠是什么颜色？”

四方天王不解佛陀心中所指，都不约而同地回答道：“佛陀！您现在手中根本就没有东西，哪里有什么摩尼珠呢？”

佛陀真实地告诉四方天王道：“我将一般世俗的珠子给你们看，你们都会分辨它的颜色，但真正的宝珠在你们面前，你们却视而不见，这是多么颠倒呀！”

四方天王听后皆有所悟。

所谓摩尼珠，是用来比喻我们的真心佛性。世上的人，每天都在忙碌着，所希求的都是一些荣华富贵、珍宝古玩、过眼浮名等身外之物，而往往对最宝贵的真爱、真情熟视无睹，随意丢弃。

相信下面这则故事会让你明白感情这枚真正的珠宝的分量。

一天，一位先生要寄东西，问邮局的小姑娘有没有盒子卖？小姑娘拿纸盒给他看。

他摇摇头说："这太软了，不禁压，有没有木盒子？”小姑娘问："您是要寄贵重物品吧？”他连忙说："是的是的，贵重物品。”小姑娘给他换了一个精致的木盒子。

他拿过那个盒子，左看右看，似乎是在测试它的舒适度，最后，他满意地朝小姑娘点了点头。接下来，他就从衣袋里掏出了所谓的“贵重物品”——居然是一颗红色的、压得扁扁的塑料心！只见他拔下气嘴上的塞子，然后就憋足了气，一下子吹鼓了那颗心。

那颗心躺进盒子，大小正合适。

直到此时，小姑娘才彻底明白了这位先生要邮寄的乃是一颗充足了气的塑料心。

这使小姑娘想起了古代那个砍断了竹竿子进城的蠢货，她强忍住笑说："其实您大可不必这么隆重地邮寄您的物品。我来给您称一下这颗心的重量——喏，才6.5克。您把气放掉，装进牛皮纸信封里，寄个挂号信不就行了吗？”

那位先生惊讶地（或者不如说是怜悯地）看着小姑娘，说："你是真的不懂吗？我和我的恋人天各一方，彼此忍受着难挨的相思之苦，她需要我的声音，也需要我的气息。我送给她的礼物是一缕呼吸——一缕从我的胸腔里呼出来的珍贵的呼吸。应该说，我寄的东西根本没有分量，这个6.5克重的塑料心和这个几百克重的木盒子，都不过是我礼物的包装罢了。”

听完这位先生的讲述，小姑娘在羞愧之余深深地被感动了。

佛心道智

也许你在一贫如洗时，为爱人所送的三元一束玫瑰而感激涕零；也许你在功成名就时，对价值数万元的钻戒已经无动于衷。不是钻戒不值得你感动，只因为它仅仅是衡量财富的一个价值符号，而那束廉价的玫瑰却在当年代表了爱人全部的爱意和热情。对于懂得真爱的人来说，一缕呼吸就象征着爱情的全部生命。

5．自性三宝

达摩祖师本名叫菩提多罗，南印度人，出身婆罗门贵族，是香至王的第三个儿子，后来遇到般若多罗，为祖师所器重而度化出家，改名菩提达摩。

达摩未出家以前，就具有超人的才智，脱俗的善根。有一次，般若多罗指着一堆珠宝对达摩三兄弟问道：“世上还有比这些珠宝更好的东西吗？”

老大月净多罗回答道：“没有！这些珠宝乃我们王者之家最为珍贵的，世上再也没有什么东西能超过这些宝物了。”

老二功德多罗也回答道：“我没有见过世上还有比这些宝物更珍贵的东西。”

唯有老三菩提多罗却不同意这种说法，他说：“我不认为两位哥哥的话说得对，这些珠宝其实没有什么价值！”

两位兄长齐声责问道：“为什么这些珠宝没有价值？有价值的宝物是

什么？”

菩提多罗说道：“因为这些珠宝自身不能认知自己的价值，必须假以人们的智能去分辨，否则只不过是一些没有知觉的东西而已。而佛陀说的佛法真理才是法宝，法宝是由人们的般若所发挥出来的智能，不仅能自照，而且还能区分各种形形色色的珠宝，更能分辨世间与出世间的一切善恶诸法，所以在各种宝物中，最尊贵的应该是无上真理的法宝。”

什么才是真正的宝物？是佛、法、僧三宝。佛、法、僧又称“自性三宝”，此即人人本有、个个不无的真心本性，金银珠宝有毁坏的时候，真心本性没有毁坏的时候。菩提达摩终能继承祖位，而且东来传授佛法，一花五叶，分灯无尽，便是真理法宝胜于金银财宝的生动注解。

佛心道智

那些能够青史留名的人，为万世所敬仰的人，往往不是因为他们拥有多少珍宝，做过多大的官，而是因为他们手中握有真理，并运用这些真理造福于民。而正因为大多数人都在追逐外在的财物，却不去发掘自身的真理，所以他们中被人记住的名字少得可怜。

6．珍珠门＝欲望门

有一个人跑到西天向佛祖诉苦说，这个地球给他住起来太不舒服，他说他要住在一个有珍珠门的天国。

佛祖指着天上的月亮给他看，问道：“那不是一个很好玩的玩具吗？”他摇一摇头，说他不愿意看月亮。接着，佛祖又指着那些遥远的青山，问他：“那些轮廓不是很美丽吗？”他说那些东西很平凡。再后来，佛祖指着兰花和玫瑰给他看，叫他用手指去抚摩那些柔润的花瓣，问道：“它们的色泽不是很美妙吗？”

那个人说：“不是。”

具有无限耐性的佛祖又带他到一个水族馆去，指着那些檀香山鱼的华丽的颜色和形状给他看。可是，那个人说他对此也不感兴趣。

佛祖后来带他到一棵多荫的树木下面，让一阵凉风向他吹着，问他道：“你不能感到其中的乐趣吗？”那个人又说：“我觉得那没有什么意思。”

接着，佛祖带他到山上一个湖沼边去，指给他看水的光辉、石头的宁静和湖沼中美丽的倒影，让他听大风吹过松树的声音。可是那个人说，他还是不能感到兴奋。

佛祖以为他这个人的性情不是很柔和，需要看让人兴奋的景色，所以，便带他到喜马拉雅山山顶，到长江三峡，到那些有石钟乳和石笋的山洞，到那时喷时息的温泉，到那有戈壁和仙人掌的沙漠，到长白山的雪地，到黄山上的花岗石峰，问他：“上天难道没有尽力把这个行星弄得很美丽，以娱你的眼睛、耳朵和肚子吗？”可是那个人还是在吵着要求一个有珍珠门的天国，并说：“这个地球给我住起来还不够舒服。”

佛祖说：“你真是狂妄自大、忘恩负义啊！原来这个地球给你住起来还不够舒服。那么，我要把你送到地狱里去，在那里你将看不到浮动的云和开花的树，也听不到潺潺的流水声，你得永远住在那边，直到完结了你的一生。”

佛心道智

这个人的欲望显然是很难满足的。即使得到了那珍珠门，不久后，他也一定会感到相当厌倦，他还会要金门、银门。想要过得舒服，就要怀有一颗善良的心，便可发现处处皆美景，人人是朋友。克制自己的欲望，而不是设法满足它们，才是快乐的真谛！

7．用平等心去衡量自己和他人

雪窦禅师是宋代人，他和当时一位叫曾会的著名学士相交甚笃。

有一天，两人在淮水边偶然相遇。曾会关心地问道：“禅师，你要到哪里去呀？”

雪窦回答说：“云水僧四海为家，没有固定的去处，到钱塘去可以，到天台去也可以。”

曾会说：“禅师若是想去灵隐寺的话，我可以把你介绍给该寺方丈珊禅禅师，他是我的方外之交，一定会很好地接待你。”

于是，雪窦禅师就揣着曾会的信函前往灵隐寺去了。到了寺内，他便挂单住进了云水堂，并未把曾会的信函交给当时的方丈珊禅禅师。雪窦禅师同普通僧人一样，过着清苦的生活，每天上殿、过堂、参禅、早起早睡，就这样转眼之间三年过去了。

第四年春天，曾会因公事来到浙江，顺路到灵隐寺去探访雪窦禅师，他问遍寺院里的僧众，几乎没有一个僧人知道，就连方丈珊禅禅师也不清楚雪窦是何许人也。

曾会索性自己到各个僧房去看看，寺内僧人约有一千多位，他一一辨认，终于找到了雪窦禅师，便问道：“你在这里住这么多日子，怎么不去拜见一下珊禅禅师呢？是不是把我的信函丢失了呢？”

雪窦说：“我是个云水僧，一无所求，岂可打扰别人？”说着，就从怀里摸出曾会的信来。两人相视哈哈大笑。

无独有偶，善慧禅师同样也能够以平常心来藐视名利、权势。

有一天，善慧禅师讲经的时候，梁武帝驾到。众人都站起来迎接，只有善慧禅师端坐不动。梁武帝的一位近侍赶紧跑过来对善慧说：“圣驾在此，为什么不起立？”善慧坦然回答：“法地如果动摇，一切都会不安的。”

依帝王的威严，圣驾一到，信众就得起立迎驾，以维护封建等级制度的尊严，但这却不是佛场中事。从梁武帝来看，他本身并不懂佛法，或者说不信佛法中人人平等的理念，他之所以标榜信佛，是因为他想以信佛礼佛为手段，从佛那里捞到好处，以达到巩固帝位或长生不老之类的私欲，因而仅仅是一种交易。

佛家说，众生皆平等，人人能成佛。如果让佛法屈从于帝王或其他什么人的威势，就是法地动摇。善慧禅师看出了梁武帝的私心，故而藐视他，以佛法大于帝法予以回敬。在善慧心中，佛法更大，众生平等的信念也更崇高。

佛心道智

人人生而平等。生命原本无贵贱，只是在出现贫富差距、等级制、君主制时，生命才被强迫地加上了价码。在佛家看来，人人平等就是一种平和的心态。如果你想让世界上人人平等，事事公正，那么你就应该首先从自身上认为他们是平等的。

8．循序渐进，量力而行

有一位禅宗大师长年隐居于山林。

因为名声很大，很多人都千里迢迢来寻找他，希望能得到他的点化。

人们结伴而行，到达深山的时候，发现大师正从山谷里挑水。

他挑得不多，两只木桶里的水都没有装满。

按大家的想象，大师应该能够挑很大的桶，而且挑得满满的。

人们不解地问："大师，这是什么道理？"

大师说："挑水之道并不在于挑多，而在于挑得够用。一味贪多，反而适得其反。"

众人越发不解。

大师从他们当中拉出了一个人，让他重新从山谷里打了满满的两桶水。

那人挑得非常吃力，摇摇晃晃，没走几步，就跌倒在地，水全都洒了，那人的膝盖也摔破了。

"水洒了，岂不是还得回头重打一桶吗？膝盖破了，走路艰难，岂不是比刚才挑得还少吗？"大师说。

"那么大师，请问具体挑多少，怎么估计呢？"

大师笑道："你们看这个桶。"

众人看去，桶里画了一条线。

大师说："这条线是底线，水绝对不能高于这条线，高于这条线就超过了自己的能力和需要。起初还需要看这条线，挑的次数多了以后就不用看了，凭感觉就知道是多少。有了这条线，可以提醒我们，凡事要尽力而为，也要量力而行。"

众人又问："那么底线应该定多低呢？"

大师说："因人而异，越低越好。因为这样低的目标容易实现，人的勇气不容易受到挫伤，相反会培养起更大的兴趣和热情，长此以往，循序渐进，自然会挑得更多、挑得更稳。"

佛心道智

“一口吃不成个大胖子。”不论学习、工作、生活、经商还是交友，我们都应该为自己设定一个合理的底线、开端。挑水如同做人，要想水不溢出，不浪费、不跌倒，就要循序渐进，量力而行，这样才能避免许多无谓的付出和挫折。

9. 不是黄金有毒，而是人心有毒

一天傍晚，两个非常要好的朋友在林中散步。这时，有个小和尚从对面惊慌失措地跑了过来，两人见状，便拉住他问道：“小和尚，你为什么如此惊慌，到底发生了什么事情？”

小和尚忐忑不安地说：“我正在移植一棵小树的时候，却忽然发现了一坛子黄金。”

两个人暗自窃笑，心想：“这人真蠢，挖出了黄金还被吓得魂不附体，真是太好笑了。”然后，他们问道：“你是在哪里发现的，告诉我们吧，我们不害怕。”

小和尚说：“你们还是不要去了，这东西有毒，会吃人的。”

两个人异口同声地说：“我们不怕，你就告诉我们黄金在哪里吧。”

小和尚告诉了他们具体的地点，两个人跑进树林，果然在那个地方找到了黄金。他们不禁瞪大了眼睛：好大的一坛子黄金！

过了一会儿，其中一个人对另一个人说：“我们要是现在把黄金运回去，肯定不太安全，还是等天黑再往回运吧。现在我留在这里看着，你先回去弄点饭菜来，我们在这里吃完饭，等半夜时再把黄金运回去。”

于是，另一个人就回去取饭菜了。

留下的人心想：要是这些黄金都归我，那该多好呀！等他回来，我就一棒子把他打死，那么，这些黄金不就全归我了吗?

回去取饭菜的那个人也在想：我回去先吃饱饭，然后在他的饭里下些毒药。他一死，黄金不就都归我了吗?

于是，回去的人提着饭菜刚到树林里，就被另一个人从背后用木棒狠狠地打了一下，当场毙命。然后，那个人拿起饭菜，狼吞虎咽地吃了起来。没过多久，他的肚子里就像火烧一样的疼，这才知道自己中毒了。临死前，他想起了小和尚的话，不禁暗自悔悟：小和尚的话真是应验了，我当初怎么就没有明白呢?

其实，不是黄金有毒，而是人心有毒。贪欲会把人推向罪恶的深渊，让人失去理智。它可以使人相互摧残，相互欺诈，甚至使最要好的朋友反目成仇，害人害己。然而，等到幡然悔悟，找回自己的时候，一切都晚了。

这样的教训并不只有一个：

在一间很破的屋子里，有一个穷人，他穷得连床也没有，只好躺在一张长凳上。穷人自言自语地说："我真想发财呀，如果我发了财，我绝不做个吝啬鬼……"

这时候，佛祖在穷人的身旁出现了，说道："好吧，我会让你发财的。我会给你一个有魔力的钱袋，这钱袋里永远有一块金币，是拿不完的。但是，你要注意，在你觉得够了的时候，要把钱袋扔掉才可以开始花钱。"

说完，佛祖便消失了。在穷人的身边，真的有了一个钱袋，里面装着一块金币。穷人把那块金币拿出来，里面又有了一块。于是，穷人不断地往外拿金币。穷人一直拿了整整一个晚上，金币已经有一大堆了。他想：啊，这些钱已经够我用一辈子了。

到了第二天，穷人很饿，很想去买面包吃。但是，在他花钱以前，必须扔掉那个钱袋。可每次当他想把钱袋扔掉时，总觉得钱还不够多。

他不吃不喝地拿，金币已经快堆满一屋子了。同时，他也变得又瘦又弱，头发也全白了，脸色蜡黄。

日子一天天过去了，穷人完全可以去买吃的、买房子、买最豪华的车子。然而，他仍然虚弱地说：“我不能把钱袋扔掉，金币还在源源不断地出来啊！”

终于，穷人倒了下去，守着一大堆金币，死在了他的破屋子里。

佛心道智

对于有些人来说，利益是无法平分的，而且永远是无法自我满足的。不单单是金钱，还包括名声、各种物质利益，甚至情色。人的贪欲一旦被调动起来，就无法停止，有了还想要更多。为了这些东西，他们不惜抛却尊严、人性，最终让自己也深陷欲望的陷阱中不能自拔。将黄金比作毒物的小和尚看似傻得可笑，其实才是真的聪明，欲望在他面前只能是一只不堪一击的纸老虎。

10. 万事万物都有灵性

有一个小孩子，虔诚地请求慧能禅师道：“请禅师慈悲为怀，收我为徒，救度众生。我恳切地要求拜师出家。”

慧能禅师说道：“在我这禅宗门里，银轮王的嫡子、金轮王的孙子才能继承法嗣，不致损坏宗门风气。你是山野小村里的俗人、牛背上长大的孩子，怎么能够投入这个宗门来呢？这不是你分内的事！”

小孩子讲道：“启禀禅师，万物平等，没有高低，您怎么能用这样的话阻碍我向善的心呢？再次请求禅师发慈悲收我为徒！”慧能见他颇有慧根，便收下了他。

佛讲众生平等，没有高低贵贱之分。万事万物皆有生命，皆有灵性，皆有佛心。在诞生之始，在生命之末，所有的人和物都是平等无异的。所以，才有了下面这则“禅师似驴”的故事。

南塔禅师北游拜访临济和尚，又回来侍奉慧寂禅师。

慧寂问：“你来干什么？”

南塔回答：“参见禅师。”

慧寂就问：“你看见禅师了吗？”

南塔回答：“看见了。”

慧寂又问：“你看禅师像不像一头驴？”

南塔回答：“我看反正也不像佛。”

慧寂又问：“你说不像佛，那像个什么？”

南塔答道：“如果说像，那还是一头驴。”

慧寂听后，不但不生气，反而高兴地说：“凡和圣都已忘掉，妄情除尽，实体显露。我用这个来检验人已经有20年了，以洞察徒弟的心理状态，但是没有人能辨明了悟。你要保持住你这个清醒的看法呀。”

这以后，慧寂常对人夸南塔，说：“这人是肉身佛。”

佛家反对偶像崇拜，反对将人分为凡人和圣人，认为平常即是禅，本心即是佛。慧寂自比为驴，并非自嘲自谑，而是因为他认为万物平等，驴不是什么卑贱之物，人也不是什么高贵之物。而南塔也了悟了“凡圣两忘”的禅理，认为“禅师似驴”并无不妥。二人都是真正的智者。他们打破了对佛的神化，使之走下了神坛，还其平凡的本来面目。

这样的故事在佛经中比比皆是，义存禅师和灵佑禅师也有类似的逸事：

义存禅师曾问众僧道：“这个水牯牛多大年岁了？”

众僧不知禅师的意思，都默不作声。

义存自己回答说："七十九了。"（义存禅师时年七十九岁）

一僧人说："禅师为什么要做个水牯牛呢？"

禅师说："这又有什么不好？"

又：

一日，灵佑禅师正在泥墙。朝廷命官李军容身着官服来了，手持笏板，站在禅师身后。

禅师一回头，见是官员，也不作礼、搭话，便将手中泥盘一斜，做出接泥的样子。李军容便用手中笏板，做出挖泥、送泥的动作。

禅师会心一笑，扔下泥盘，请李军容同回方丈室。

佛门主张万法平等，众生平等，没有贵贱高低之分。义存禅师将自己视为大自然中平凡的一员，做个水牯牛并没有什么不妥。同样，灵佑禅师也是众生平等这一信条的身体力行者。在他看来，平民也好，僧人也好，官员也好，都没有什么分别，都应该"一日不作，一日不食"。因此他做出接泥姿势，看官员也做出回应，便洞察出他是真懂佛性，是个同道中人，故予以热情接待。

佛心道智

万事万物都有灵性，花草树木皆有佛心。平常即是禅，本心即是佛。所以慧寂似驴，义存如牛，而朝廷命官亦可像泥瓦工一样。在我们的现实生活中，有很多人得意时沾沾自喜，把自己鸡毛蒜皮大的成就整天挂在嘴边，而等到失意时便郁郁寡欢，一副旷世怨妇的样子，好像全天下人都欠他的。这样的人即使日后咸鱼翻身，家财万贯，也不会有发自内心的幸福快乐。

11．除去闲名之累

洞山禅师感觉自己即将离开人世了。这个消息传出去以后，人们从四面八方赶来，连朝廷也派人急忙赶来。

洞山禅师走了出来，脸上洋溢着净莲般的微笑。他看着满院的僧众，大声说："我在世间沾了一点儿闲名，如今躯壳即将散坏，闲名也该除去。你们之中有谁能够替我除去闲名？"

殿前一片寂静，没有人知道该怎么办，院子里沉静一片。

忽然，一个前几日才上山的小和尚走到禅师面前，恭敬地顶礼之后，高声说道："请问禅师法号是什么？"

话刚一出口，所有的人都投来埋怨的目光。有的人低声斥责小和尚目无尊长，对禅师不敬，有的人埋怨小和尚无知，院子里闹哄哄的。

不料，洞山禅师听了小和尚的问话，却大声笑着说："好啊！现在我没有闲名了，还是小和尚聪明呀！"于是坐下来闭目合十，就此离去。

小和尚眼中的泪水再也止不住流了下来，他看着师父的身体，庆幸在师父圆寂之前，自己还能替师父除去闲名。

过了一会儿，小和尚立刻就被周围的人围了起来，他们责问道："真是岂有此理！连洞山禅师的法号都不知道，你到这里来干什么？"

小和尚看着周围的人，无可奈何地说："他是我的师父，他的法号我怎么能不知道？"

"那你为什么要那样问呢？"

小和尚答道："我那样做就是为了除去师父的闲名！"

是啊，所谓"闲名"者，就是没有用的名望。它生不带来，死不带去，加之于人心反而是一种沉重，不得自由。不过，大多数人不仅不懂得除去闲名的道理，反而极其功利地去追求，最终弄巧成拙。

从事神圣工作的拉比好像在熟睡。他的旁边坐着信徒，他们正在热烈地讨论这位神圣的人无与伦比的美德。

"他是多么虔诚！"一个信徒带着陶醉叫了出来，"在整个波兰也找不到第二个像他的人！"

"谁能和他比仁慈？"另一个狂热的信徒呐喊，"他给人宽广无私的施舍。"

"还有多么温和的脾气！难道有谁见过他激动吗？"另一个信徒眼睛发光地低语。

"啊，他是多么的博学！"一个信徒用圣歌般的调子说，"他是第二个拉什！"

信徒们渐渐地陷入了沉默，这时这位拉比慢慢地睁开了一只眼睛，用一种受伤害的表情看着他们。

"怎么没有人说说我的谦虚？"他责备说。

这则故事的名字就叫《谦虚的拉比》，它嘲讽了一个毫不谦虚的拉比的愚蠢。

佛心道智

想要人们永远记住自己的方法很多，要么流芳千古，要么遗臭万年。但往往是那些一心向上爬，为了追求而追求的人成为人们茶余饭后的笑料。而那些不求"闲名"之累，做好事不留名，只求对得起自己本心之人却真正赢得了人们的尊敬。

12. 吃亏就是占便宜

有一位信徒到寺院礼完佛后，便到客堂休息。才坐下来，就听到一位年轻的知客师对已非常年老的无德禅师道：“老师！有信徒来了，请上茶！”

不到两分钟，又听到那位年轻的知客师叫道：

“老师！佛桌上的香灰太多了，请把它擦拭干净！”

“拜台上的盆花，别忘了浇水呀！”

“中午别忘了留信徒用饭。”

这位信徒只见年老的无德禅师在知客师的指挥下，一下子跑东，一下子往西，实在看不过去，就问无德禅师道：“老禅师！知客师和您是什么关系呀？”

老禅师非常得意地答道：“他是我的徒弟呀！”

信徒大惑不解地问道：“这位年轻的知客师，既然是您的徒弟，为什么对您如此不礼貌？一下子叫您做这，一下子要您做那呢？”

老禅师非常欣慰道：“我有这样能干的徒弟，是我的福气。信徒来时，只要我倒茶，并不要我讲话；平时佛前上香换水都是他做，我只要擦一擦灰尘；他只叫我留信徒吃饭，并不叫我去煮饭烧茶，寺内上下一切都是他在计划、安排。这给我很大安慰，否则，我就要很辛苦了！”

信徒听后，仍不甚了解，满脸疑惑地问道：“不知你们是老的大？还是小的大？”

无德禅师道：“当然是老的大，但是小的有用呀！”

有句俗谚说：“和尚要能老，老了就是宝！”信徒供养僧众，大都也是供老不供小，护持僧众也是护老不护小。其实，这种现象在社会当中更普遍。很多人也往往因此端着架子倚老卖老，也许他并没有什么本事，只是资历老，便对比自己年轻的领导颐指气使，顶着来。现在，这种端着架子过活的人也影响了一大批年轻人。他们自以为是，觉得自己文凭高，本事大，往往对才能不及自己的领导横挑竖挑，这也不干，那也不摸。最终吃亏的还是他们自己。相反，放下架子的人往往会收获很多。

有一个年轻人，大学刚毕业就进入文化公司做编辑。他的文笔很好，几乎在编辑部首屈一指，然而更可贵的是他的工作态度。

那时这个文化公司正在进行一套丛书的编辑，每个人都很忙，但老板并没有增加人手的打算。于是编辑部的人也被派到打印部、业务部帮忙，但整个编辑部只有那个年轻人接受老板的指派，其他的都是去一两次就提抗议了。他们说："我是编辑，不是打杂的！"

但是这个年轻人却每次都乐呵呵地去帮忙。

事实上他要帮忙包书、送书，像个苦力工一样。他真是个可随意指挥的员工，后来他又去业务部，参与营销的工作。此外，取稿、跑印刷厂、邮寄……只要有人开口要求，他都乐意帮忙！

两年过后，他自己成立了一家文化公司，做得还不错。

原来他是在帮忙的时候，把一个文化公司应有的编辑、印制、营销等工作都摸熟了。

佛心道智

"吃亏是福"这样的道理又有几个人记得。"放下架子做人"也许只有那些真正的"大"人物才能做到，俗话说的"阎王好见，小鬼难缠"便是这个道理。用一颗能"吃亏"的心去面对人生百态，这样不仅能拥有一个快乐人生，而且能够广交朋友，办事顺利，从而换得事业有成。

13．不松不紧

一日，一位禅师听到了一阵悦耳的琴声。走近一看，是一个年轻人正在弹奏。

“你的弦拉满了吗？”禅师问。

年轻人回答：“没有。”

“那么，你是把它放松了吗？”禅师又问。

他回答：“没有。”

“那么你是怎么调它的？”禅师故作不解。

他答道：“不松不紧，这样才能奏出美妙的音乐。”

禅师庆幸道：“生命，就是一场游戏，正如同此琴一般。若众生对待每一件事，皆轻松而不轻浮去面对，便可达到事半功倍的效果。正如只有在琴弦不松不紧的时候，才能弹奏出美妙的生命之歌来。”

年轻人听后，谢过禅师点化，便投入生活中去感悟此意，渐渐地得到了人生的真正乐趣。

日本近代有两位一流的剑客，一位是宫本武藏，另一位是柳生又寿郎，宫本是柳生的师父。当年柳生拜宫本学艺时，就如何成为一流剑客，师徒间有这样的一段对话。

“师父，我努力学习的话，需要多少年才能成为一名剑师？”柳生又寿郎问道。

“你的一生。”宫本武藏答道。

“我不能等那么久。”柳生又寿郎解释说，“只要你肯教我，我愿意下任何苦功去达到目的。如果我当你的忠诚仆人，需时多久？”

“哦，那样也许要10年。”宫本武藏缓慢地答道。

“家父年事渐高，我不久就得服侍他了。”柳生又寿郎不甘心地继续说道，“如果我更加刻苦地学习，需时多久？”

“嗯，也许30年。”宫本武藏答道。

“这怎么说啊？”柳生又寿郎问道，“你先说10年而现在又说30年。我不怕吃任何苦，只要在最短的时间内精通此艺！”

“嗯，”宫本武藏说道，“那样的话，你得跟我学70年才行，像你这样急功近利的人多半是欲速不达。”

“好吧。”柳生又寿郎说道，他终于明白了其中的道理，留下来跟宫本武藏学剑。

宫本武藏给柳生又寿郎的训练是：不但不许谈论剑术，连剑也不准他碰一下。只要他做饭、洗碗、铺床、打扫庭院和照顾花园，对于剑术只字不提。

3年的时光就这样过去了，柳生又寿郎仍是做着这些苦役，每当他想起自己的前途，内心不免有些凄惶、茫然。

有一天，宫本武藏悄悄从柳生又寿郎背后蹑进，以木剑给了他重重的一击。第二天，正当柳生又寿郎忙着煮饭的时候，宫本武藏再度出其不意地向他袭击。

自此以后，无论日夜，柳生又寿郎都得随时随地预防突如其来的袭击。一天24小时，他时时刻刻都品尝着遭受剑击的滋味。

他渐渐悟出了其中的道理，渐入佳境，宫本武藏也绽出了满意的笑容。

后来，柳生又寿郎成了全日本最精湛的剑手。

佛心道智

急功近利则“欲速不达”，不松不紧则“事半功倍”。说白了，急功近利也是一种欲望的驱使，只有放下它，才会获得快乐人生。其实，学习、生活和做事一样，不能急功近利，要保持一种不松不紧的状态，方能入得佳境，取得可喜成就。

14. 有爱就有了一切

从前，有个叫伊利沙的人，非常富有，但他生性吝啬，从来舍不得给别人任何东西，对自己的日常生活也十分刻薄，吃的是粗茶淡饭，穿的是破衣烂衫。偶尔一两个朋友来吃上一顿，他便要饿上自己几天，否则心里便会一直难受。

伊利沙有一个邻居，钱财不多，可每天都吃鱼嚼肉，还经常宴请朋友，出手阔绰。伊利沙看到后，心想：我比他富多了，他天天过着王侯一般的生活，而我守着满屋金银财宝，却节衣缩食，也太可怜了。

伊利沙心有不甘，有一天他狠狠心，杀了只鸡，取出一升白米，偷偷驱车来到一个荒无人烟的地方，把鸡烤熟，把饭煮好，准备好好地吃一顿，解解馋。

佛祖早就知道伊利沙是个吝啬鬼，觉得他这样生活真是太愚昧了。看到伊利沙今天一反常态，又杀鸡，又煮饭，便有心要和他开个玩笑。

于是，佛祖变成了一条流浪狗来到伊利沙身边，转来转去讨食吃。伊利沙恨不得把鸡骨头都吞进肚里，哪舍得给狗吃一点东西。但这条狗朝着伊利沙一个劲儿地摇头摆尾，口中还流着很长的涎水。

伊利沙说："你如果能四脚朝天，停留在半空中，我就给你吃一点。"话音未落，那条狗已经腾空而起，四脚朝天。伊利沙吃了一惊，只得扯下一点鸡皮，想给狗吃，可又实在舍不得。

伊利沙说："这样吧，这点鸡皮我给你留着。如果你能让两个眼珠掉下来，我让你再吃些鸡肉。”

话刚说完，那条狗的两个眼珠“啪！啪！”地掉在地上。伊利沙高兴极了，心里欢呼：这下好了！你眼睛瞎了，我就可以笃笃定定地享受美味了。他端起饭盘和鸡，换了个地方，大嚼起来。

等他走远，佛祖变成了伊利沙的模样，开着他的车子来到他的家。一进门，就吩咐守门人：“待一会儿若有人来，无论什么人，都给我一棒子把他轰出去。”然后进房，下令将所有的财产布施给穷人。

再说伊利沙消受完他的美味后，心满意足地回到停车的地方，一看没了车子，可着急了。他四处寻找，也没有找到，最后只得垂头丧气地步行回家。到了家门口，刚跨进门槛，便吃了一记闷棍。

伊利沙火冒三丈，大声嚷道：“反了！连我你们也敢打！”守门人也不示弱：“管你是什么人，我们老爷吩咐过了，谁也不许进去！”

“什么老爷不老爷！我才是你们的老爷！”

“你活得不耐烦了，是不是？还敢冒充我们老爷，看我不揍死你！”

一顿乱棒之下，伊利沙瘫坐在地上，再举目一看，家里已经空空荡荡。他心里一急，痴呆在那里。

这时，佛祖变成了一个修行僧，走到伊沙利面前，双手合十，问道：“施主为何愁成这样？”

“我被人戏弄，家财荡尽了。”伊利沙愣愣地说。

“施主，恕我直言，钱财乃身外之物，钱财多了会带来烦恼和祸害。像你这样，拼命地攒钱，不舍得吃，不舍得布施给穷人，一朝死去，反成了饿鬼，即使投胎做人，也只能充当下贱的仆人。你想想看，这样做又有什么意思呢？”

佛祖的这一席话，使伊利沙如梦初醒。随后，佛祖又把伊利沙原来的家产给了他。从此，伊利沙一改旧迹，乐于济世助人了。

世间有很多像伊利沙这样的人，他们认为：“这钱是我辛辛苦苦挣来的，凭什么要拿给别人用呢？”然而，他们不知道，帮助别人实际上是一种仁爱之心。正如一颗种子放在袋中，不懂得把握季节把种子播种在土壤里，一旦错过生长时机，则无法发挥作用。因此，种子必须及时培育，使其茁壮生长，等到因缘成熟，自然果实累累。

有一个人出门，看见三位老者坐在他家门口谈笑风生，他听了一会儿他们的高谈阔论，觉得三个人说得有理，从他们的言谈之中可以看出三个人都很有智慧。于是，他走上前去邀请他们到家里做客。

“我们不能一同进屋。”老人们说。

“这是为什么？”此人感到疑惑不解。

一个老人指着同伴说：“他是成功，他是财富，我是爱。你现在回去和家人商量一下，看看需要我们哪一个。”这人回去之后和家人一商量，决定把“爱”请进家里。

这人出门问三位老人：“哪一位是爱，请进来做客。”“爱”老人起身向屋内走去，奇怪的是另两位老人也跟在后面。

此人十分惊讶地问成功与财富两位老人：“您二位怎么也进来了？”

老人们说：“其实我们两人一直是跟着爱的，哪里有爱，哪里就有成功与财富。”

佛心道智

钱财是身外之物，生不带来，死不带去。自己够用就好，千万不可吝啬，吝自己，吝别人。故而，佛家提倡布施，提倡将多余的钱财施舍给他人。布施于他人就是把爱、把温暖带给了他人，是一种慈善。布施者因而便能得到社会的尊重和认可，让他的事业更加顺利，财富更加充足。

15．打碎玉钵

金碧峰禅师自从正悟以后，能够放下对其他诸缘的贪爱，唯独对一个吃饭用的玉钵爱不释手，每次入定之前，一定要先仔细地把玉钵收好，然后才能安心地进入禅定的境界。

一天，阎罗王因为金碧峰禅师的世寿已终，应该把业报还清，便差几个小鬼前来捉拿他。金碧峰预知时至，想和阎罗王开个玩笑，就进入甚深禅定的境界里，心想，看你阎罗王有什么办法。几个小鬼左等右等，等了一天又一天，都捉拿不到金碧峰，眼看没有办法向阎罗王交差，就去请教土地公，请他帮忙想个计谋，使金碧峰禅师出定。

土地公想了想，说道："这位金碧峰禅师最喜欢他的玉钵，假如你们能够想办法拿到他的玉钵，他心里一挂念，就会出定了。"小鬼们一听，就赶快找到禅师的玉钵，拼命地摇动它。禅师一听到他的玉钵被摇得砰砰地响，心一急，赶快出定来抢救。小鬼见他出定，就拍手笑道："好啦！现在请你跟我们去见阎罗王吧！"

金碧峰禅师一听，才知一时的贪爱几乎毁了他千古慧命，立刻把玉钵打碎，再次入定。

佛心道智

金碧峰禅师是理智的，因为他在紧要关头明白自己真正需要的是什么。在现实生活中，我们也要懂得选择，学会放弃。不要为了一时小小的狂热嗜好而毁掉自己赖以生存的"饭碗"。

16．一坐四十年

佛窟禅师，宋朝长安人，少年出家后，在浙江天台山翠屏岩的佛窟庵修行。

他用落叶盖屋顶，结成草庵；以清水滋润咽喉，每天只在中午采摘山中野果以充饥腹。

一天，一个樵夫路过庵边，见到一个修行的老僧，好奇地上前问道："你在此居住多久了？"

佛窟禅师回答道："大概已易四十寒暑。"

樵夫又问道："你一个人在此修行吗？"

佛窟禅师点头道："丛林深山，一个人在此都已嫌多，还要多人何为？"

樵夫再问道："你没有朋友吗？"

佛窟禅师以拍掌作声，好多虎豹由庵后而出。樵夫大惊，佛窟禅师速说"莫怕"，示意虎豹仍退庵后。禅师道："朋友很多，大地山河，树木花草，虫蛇鸟兽，都是法侣。"

樵夫非常感动，自愿皈依作为弟子。佛窟对樵夫说道："汝今虽是凡夫，但非凡夫；虽非凡夫，但不坏凡夫法。"

樵夫言下契入，从此慕道者纷纷而来。翠屏岩上白云飘空，草木迎人，虎往鹿行，鸟飞虫鸣，成为佛窟学的禅派。

一坐四十年，用普通的常识看，四十年是漫长的岁月，但正悟无限时间，对已融入大化之中的佛窟禅师来说，四十年不过一瞬之间而已。在禅者的心中，一瞬间和四十年，并没有什么差别。

禅者在悟道中，他所悟的是没有时空的差距，没有你我的分别，没有动静的不同。做人也该如此，不分你我，不分亲疏，以一颗博爱的心面对世间万物，以一颗容人之心立足繁杂社会。那么，你收获的不只是尊敬，还有自己内心的宁静。

17．美在心灵深处

从前，有个大财主，他有7个女儿，个个花容月貌，美艳绝伦。每当家里来了宾客，财主总要把女儿叫出来展示一番，他最想听到的就是客人的赞叹声，事实上也的确如此。

有一天家里来了客人，是一位禅师。财主照样让他看自己的女儿，然后问他："我的女儿美吗？"

禅师说："这样吧，你将女儿披上盛装，去各地街上行走。如果每个人都说她们美，我就给你500两黄金，只要有一个人说不美，你就输给我500两黄金，怎么样？"

财主动心了，于是欣然同意。

他带着女儿在各地游走，每个人都说他的女儿漂亮。眼看500两黄金就要到手了，财主又带她们来见佛祖，得意扬扬地问："佛祖，你说我的女儿漂亮吗？"

佛祖不屑地答道："不漂亮！"

财主非常不高兴，问道："城里的每个人都说她们漂亮，怎么就你说不漂亮呢？”

佛祖回答说：“世人看的是面容，而我看的是心灵。在我认为，身能不贪钱财，口能不说恶言，意能不起邪念，这样才是美！”

财主听了佛祖的话，灰溜溜地走了。当然，他也输给了禅师500两黄金。

美不只在外貌，还在心灵。这种简明而深刻的道理不知道被世人说过多少遍，然而，到了真要做出选择的时候，人们往往又抱持庸俗的观念，总是以貌取人。不过，世间事总没有那么绝对，不妨看看下面这则故事。

傍晚，冬雪散步到天桥边时，看见一个小伙子正吃力地背着个姑娘上天桥，额上满是细密的汗珠。冬雪赶忙过去帮着搀扶，问小伙子：“她生病了吧？我帮你叫车送医院。”小伙子却连声推辞。

来到天桥上，姑娘忽然大笑起来，冬雪不禁有些尴尬。小伙子忙向冬雪道歉：“对不起，谢谢您，我们在玩游戏。”

“什么？”冬雪尴尬中又有些愠怒。

姑娘好半天才停住笑，她告诉冬雪说今天是他们结婚三周年纪念日，他们特意请假出来逛街。“他没有钱，我不要他买什么礼物，但他有力气，所以要他背我上天桥，才背三个来回，就累了，将来结婚30周年，我让他背30个来回，累死他这把老骨头……”姑娘趴在小伙子肩上又笑了起来。

以旁人的眼光看，那姑娘长得俗气，甚至是丑陋，但此刻，她却被宠得像个娇贵的公主。

很多人很多时候都以为，浪漫必定和鲜花、烛光、音乐相连，却不知道世上还有这样一种别致的穷人的浪漫。它一样打动人的心灵。

佛心道智

貂皮大衣穿不出气质，真金白银买不来高贵。不论是男女、老少、美丑、贫富，美是发自内心的，它源于素质修养和真诚对待人生的态度及方式。

18. 淡泊明志，宁静致远

唐朝时，禅宗第四祖道信大师在黄梅一住三十多年。贞观年间，唐太宗仰慕道信大师的仙风道骨，就派遣使臣前往迎请，希望道信大师能进京与自己见面。

使臣到了黄梅，向道信大师面告唐太宗的旨意，道信大师听后只是淡淡地说道："请你为我回谢皇上的盛意，我年老了，过惯了山林生活，不愿再入繁华的城市。"

使臣将道信大师的意思回复了唐太宗，唐太宗不死心，第二次派遣使臣前去黄梅迎请道信大师。道信大师再次告诉使臣："请你禀告皇上，我年老多病，不能进京。"

道信大师这样倔强，使臣毫无办法，只好又把道信大师的意思禀告唐太宗。

唐太宗见道信大师一而再、再而三地推辞，心里非常不悦，觉得道信伤害了自己九五之尊的威严。

虽然如此，唐太宗仍然再次派遣使臣用轿子恭敬地迎接道信大师进京。哪知，这次又被道信大师拒绝了。

"一之为甚，其可再乎？"唐太宗终于发怒了，就令使臣前去黄梅，以刀威吓道信大师："若再不应诏进京，当取首级前去！"

道信大师的徒弟们这时候都被吓得面无血色，纷纷劝其进京面圣。而大师却不但没有慌张，反而静静地伸颈就刀，令使臣大惊。使臣也不敢造次，连忙抛刀扶着道信大师，向大师顶礼忏悔。回京后使臣赶紧把这情形禀告唐太宗。

唐太宗听后，对道信大师的志向敬重不已，并赐以珍帛，不再邀其进京，以满足大师修行于山林的志向。

佛心道智

权势和金钱的威逼利诱对于道信大师这样的人是无可奈何的，因为他们本无所求。或者说是对浮华权欲视为不值粪土，因为粪土尚可浇田灌地，而功名珍宝对他们来说一无用处。当然，像道信大师这样，能够做到宠辱不惊，以至将生死置之度外，不为权势所迫，的确不是普通人能够望其项背的。但我们仍然应该以他为榜样，做人不谄媚、不违心，不做不道德之事，不做趋炎附势之人。

19. 死猫的脑袋最珍贵

游方和尚问曹山禅师：“人世间最珍贵的东西是什么？”

曹山禅师抬眼远望，只见树的枝丫上悬挂着一团黑色的东西，于是说：“死猫的脑袋最珍贵！”

游方和尚睁圆双眼不解地问道：“为什么呢？为什么世人认为一钱不值的东西，禅师竟认为是人世间最珍贵的？”

曹山禅师笑着说：“樗树根大枝弯，世人因为看它无用，它便得以生存；栎树虽然看上去光鲜，但是做船船沉，做棺腐朽，造器具即折毁，当屋柱生蛀虫，完全没有用处，唯一有用的就是可以用来乘凉。正是因为它们无用所以才珍贵！死猫的脑袋最贵，因为没有人出价争夺。”

在曹山禅师看来，生命的最高境界，应该是无争、无价、安宁、幸福。财色与名利只不过是人生的泡沫与尘灰，何必抵死相争！

然而，凡尘俗世很多人都想不通这一点。他们不惜抓住任何一丝机会争夺名利，而且贪心不足，到头来却还是一场空。

曾经有个流浪街头的乞丐，每当晚上躺在窑洞的茅草上就想，假如有一天我能有两万元的钞票就好了。

这一天，他清早起来，无意中发现了一只很可爱的小狗。他看四下无人，便把狗抱回窑洞，圈了起来。然后，他悠闲地来到街上乞讨，却听见周围的人正在谈论着那只小狗。

原来那只狗非同一般，它是一只进口的外国名犬。它的主人是本市大名鼎鼎的富翁。当地电视台已经播发了一则寻狗启事：如有拾到者，请速还，付酬金两万元。

乞丐得到这个消息，心里想着自己发财的机会终于来了。他急忙跑回窑洞，抱起小狗，向电视台走去。他早就想好了有两万元的日子该怎么打发了。

可是，快到电视台的时候，从临街商店里的电视上，乞丐却意外地发现，那则启事上的酬金已变成了三万元。缘由是那位大富翁寻狗不着，心里一着急，便把酬金涨了起来。

乞丐顿时瞪大了双眼，脚步突然停了下来。他想了想，又转身将狗抱回窑洞，重新圈了起来。

乞丐已经没有心思去乞讨吃的了。他一整天都在街上的商店前，等着看电视上寻狗酬金的上涨。

第二天，酬金果然涨到了四万元。第三天又涨到了六万元。

直到第七天，酬金已经涨到了十五万元，那只狗已经牵动了全市所有人的神经。

最后，有几个小孩，在乞丐住的窑洞里发现了那只可怜的小狗。它已经饿死了，就连旁边躺着的乞丐也饿得爬不起来了。

乞丐虽然活了过来，但他仍然是一个身无分文的乞丐。

佛心道智

真诚地对整日奔波忙赚钱的“奔奔”族们说一声：“钱是永远赚不完的。”因为人的欲壑难填！整日生活在烦躁焦虑之中是因为我们的欲望太庞大了。是不是应该抽个星期天，不去想与挣钱有关的一切事情，陪家人朋友去尽情玩耍、欢畅淋漓一番，在快乐奔放中释放自己、享受生活。

第二章

“放下”，生活中处处有欢乐

我们从蹒跚学步起开始走上人生之路，几十年奔波劳碌，走到白发丛生，垂垂老矣。可是回头远眺，这一路上放在脊背的重物皆如此类：谎言、自责、怨恨、困惑、迷惘……无不重若磐石。这样一来，快乐就成了一座封闭的城堡，无论我们怎样努力也走不进去。其实，快乐并不复杂，只要用一颗积极的心去适当放下，这时再看你的人生，风景如画，美不胜收。

1. 放下木柴，学会宽容

希迁禅师住在湖南，有一次偶然见到一位新来参学的学僧，便随口问道："你从什么地方来？"

学僧恭敬地回答："从江西来。"

希迁禅师又问："那你见过马祖道一禅师吗？"

学僧："见过。"

希迁禅师顺手指着院子里的一堆木柴，问道："马祖是不是像一堆木柴？"

学僧不知道怎么回答。他无论怎么想这个问题，还是不明所以，因而觉得自己在希迁禅师处，无法深入领会禅理，就又回到江西见马祖道一禅师，并且叙述了自己的困惑。

马祖道一禅师听完后，安详地一笑，问学僧："你看那一堆木柴大约有多重？"

学僧："我没仔细称过，估计有八九十斤吧。"

马祖："你的力量实在太大了。"

学僧："为什么这么说？"

马祖："你从南岳那么远的地方，背了八九十斤的一堆木柴来，岂不是很有力气？"

不懂得宽容的人，永远把烦恼装在自己心里，永远得不到快乐。时时宽容的人，自己得到了解脱，也给了别人一份愉悦，受到对方的尊敬。

亚历山大大帝骑马旅行到俄国西部。

一天，他来到一家乡镇小客栈。为进一步了解民情，他决定徒步旅行。当他穿着没有任何军衔标志的平纹布衣走到一个三岔路口时，忘记回客栈的路了。

亚历山大无意中看见有个军人站在一家旅馆门口。于是，他走上去问道：“朋友，你能告诉我去客栈的路吗？”

那个军人叼着一只大烟斗，头一扭，高傲地把这位身着平纹布衣的旅行者上下打量一番，傲慢地答道：“朝右走！”

“谢谢！”大帝又问道，“请问离客栈还有多远？”

“一英里。”那军人生硬地说，并瞥了陌生人一眼。

大帝抽身道别，刚走出几步停住了，又返回来微笑着说：“请原谅，我可以再问你一个问题吗？如果你允许的话，请问你的军衔是什么？”

军人猛吸了一口烟，说：“猜嘛。”

大帝风趣地说：“中尉？”

那位烟鬼的嘴唇动了下，意思是说不止中尉。

“上尉？”

烟鬼摆出一副很了不起的样子说：“还要高些。”

“那么，你是少校？”

“是的！”他高傲地回答。于是，大帝敬佩地向他敬了礼。

少校转过身来，摆出一副对下级说话的高贵神气，问道：“假如你不介意，请问你是什么军衔？”

大帝乐呵呵地回答：“你猜！”

“中尉？”

大帝摇头说：“不是。”

“上尉？”

“也不是！”

少校走近仔细看了看说：“那么，你也是少校？”

大帝镇静地说：“继续猜！”

少校取下烟斗，那副高贵的神气一下子消失了。他用十分尊敬的语气低声说：“那么，您是部长或将军？”

"快猜着了。"大帝说。

"殿……殿下是陆军元帅吗？"少校结结巴巴地说。

大帝说："我的少校，再猜一次吧！"

"皇帝陛下！"少校的烟斗从手中一下子掉到了地上，他猛地跪在大帝面前，忙不迭地喊道："陛下，饶恕我！陛下，饶恕我！"

"饶恕你什么？我的朋友。"大帝笑着说，"你没伤害我，我向你问路，你告诉了我，我还应该谢谢你呢！"

佛心道智

很多时候，我们需要别人宽容，也要宽容别人。一味急、抢、嫉妒、愤怒，只能使你陷入孤立。相反，宽容的人更能得到别人的尊重。只有学会宽容，在该"放下"的时候"放下"，这样才能够活得更快乐。

2．无名就是这样产生的

一个禅师在向信徒讲禅，他徐徐说道："禅可以断除人的无名烦恼。"

这时，有个人站出来反驳说："我真不知道自己有什么烦恼，请问禅师，什么叫无名？无名是怎么产生的？"

禅师说："这么简单愚蠢的问题你也能问得出？"

这个人立刻恼怒起来，理直气壮地质问："你不回答也就算了，为什么要侮辱我呢？"

禅师笑了一下，说："这就是无名，无名就是这样产生的！"

对于无名的烦恼，不同的人有不同的态度，愚蠢的人把它抱在心头，聪明的人将其随手丢在地上。这样的人反倒会得到更多的快乐。斯达就是这样一个快乐的人。

斯达在一家夜总会里敲架子鼓，收入不高，然而，却总是乐呵呵的，对什么事都表现出乐观的态度。他常说：“太阳落了，还会升起来；太阳升起来，也会落下去。这就是生活。”

斯达很爱车，但是凭他的收入想买车是不可能的。与朋友们在一起的时候，他总是说：“要是有一部车该多好啊！”眼神中充满了无限向往。有人逗他说：“你去买彩票吧，中了奖就有车了！”

于是，他买了两块钱的彩票。可能是上天优待他，斯达凭着两块钱的一张体育彩票，果真中了个大奖。

斯达终于如愿以偿，他用奖金买了一辆车，整天开着车兜风，夜总会也去得少了，人们经常看见他吹着口哨在林荫道上行驶，车也总是擦得一尘不染的。

然而有一天，他把车停在楼下，半小时后下楼，发现车被盗了。

朋友们得知这个消息，想到斯达那么爱车如命，几万块钱买的车眨眼工夫就没了，都担心他受不了这个打击，便相约来安慰道：“斯达，车丢了，你千万不要太悲伤啊！”

不料，斯达却大笑起来，说道：“嘿，我为什么要悲伤啊？”

朋友们疑惑地互相望着。

“如果你们谁不小心丢了两块钱，会悲伤吗？”斯达接着说。

“当然不会！”有人说。

“是啊，我丢的就是两块钱啊！”斯达笑道。

佛心道智

如果有什么事让你不快，那么就把那件事看得小些、再小些；如果有什么事让你欢乐，那么就把那件事看得大些、再大些。这就是寻找快乐、摆脱无名烦恼的窍门。

3．不要为明天的落叶操心

有个小和尚每天早上负责清扫寺庙院子里的落叶。

清晨起床扫落叶实在是一件苦差事，尤其在秋冬之际，每一次起风时，树叶总会随风飞舞落下。

每天早上都需要花费许多时间才能清扫完树叶，这让小和尚头疼不已。他一直想要找个好办法让自己轻松些。

后来，有个大和尚跟他说："你在明天打扫之前先用力摇树，把落叶统统摇下来，后天就可以不扫落叶了。"

小和尚觉得这是个好办法，于是第二天他起了个大早，使劲地猛摇树。他想：这样，就可以把今天跟明天的落叶一次扫干净了。

一整天，小和尚都非常开心。

第三天，小和尚到院子里一看，不禁傻眼了。院子里的落叶如往日一样满地都是。

一位老和尚走了过来，对小和尚说："傻孩子，无论你今天怎么用力摇，明天的落叶还是会飘下来。"

小和尚终于明白了，世上有很多事是无法提前的，唯有认真地活在当下，才是最真实的人生态度。

落叶就如同烦恼，它并不会因为你今天多经受了一些而明天就会少经受一些，所以大可不必为明天的事忧心。

小刘躺在床上翻来覆去，就是睡不着觉，他的妻子不住地劝慰他。

小刘"腾"地一下从床上坐起来，说："老婆，明天就到还钱的日子了，可是我们家哪有钱还债啊！"

妻子说："睡吧，别胡思乱想了，想死你也是还不上债啊。"

小刘说：“那个债主凶得很，如果我们不给他还钱，他一定不会罢休。老婆，我该怎么办？”

妻子又说：“先睡吧，或许明天早晨一起来，我们就有办法了，说不定我们会弄到钱还债的。”

小刘焦虑地说：“不行啊！要是还不上债，明天我就等着挨揍吧！”

妻子实在忍不住了，爬上房顶，对邻居家的债主大声吆喝：“唉！告诉你，我丈夫明天就该还债。但是你听清楚，我丈夫没钱，明天仍然还不了你的债！”

说完妻子回到家里，对小刘说：“你快睡吧，这回睡不着觉的该是他了。”

小刘的妻子这一招确实够“狠”，这下该焦虑的对象就被彻底转化了。我们先不说这种方法是否道德，最起码它的效果是显著的。而且从这个故事中我们可以看到，很多人都是为无法改变的事情和无中生有的事情而焦虑着。据一项调查表明，40%的人身处焦虑之中，为明天可知的或不可知的变化烦心。

在日常生活中，我们听到的最频繁的一句话就是：噢，烦透了！我们常会在一定的时刻被焦虑所困扰，在我们不知不觉间，焦虑就像蛇一样慢慢地缠过来，我们被它包裹，无法动弹。如果我们每天面临着一大堆焦虑的事情，心情会变得很烦躁，很没有耐心，甚至会大发脾气，认为自己受到伤害。烦恼如同落叶，扫了依旧会来，随它去吧，就是最好的解决方法。

虽然你在不停地抱怨这、抱怨那，甚至说出“我想改变”之类的话。但是，你担心改变的后果，犹豫不决，除了抱怨，并没有采取实际行动去改变。于是，什么也不会改变。

该来的自然来，该去的随它去。不为明天的忧愁而烦恼，不为将来的苦闷所羁绊，这样才能过上轻松快活的日子，才能心胸旷达地面对生活！

佛心道智

无论你是有钱的还是没钱的，无论你是位高权重的还是普通凡人，都无法摆脱焦虑的侵扰。既然无法摆脱，索性“既来之，则安之”。这样，你的生活才会变得更和谐、愉悦。

4. 最大的困扰往往来源于自己

从前，有位叫明慧的和尚，住在深山一座寺庙中潜心修行。

每次打坐入定时，明慧眼前都会有一只大蜘蛛，张牙舞爪地来跟他捣乱，他虽然不害怕，但是因此却无法静下心来修行。

于是，明慧十分苦恼地去向祖师求教：“师父！每次我一入定，大蜘蛛就出现了，无论我怎么赶它，它也不走，请师父指点弟子迷津。”

祖师惊异地说道：“啊，有这种事情吗？这样吧，下次你入定的时候，拿一支笔，等蜘蛛出现时在它肚子上画个圈，看看它是何方怪物，我好为你斩除它。”

明慧和尚入定前准备了一支笔，等蜘蛛一出现，他飞快地在它肚子上画了一个大红圈。蜘蛛一点防备也没有，仓皇地逃走了，明慧和尚很快安然入定。

然而，待他出定一看，赫然发现自己肚子上有一个大红圈！明慧和尚恍然大悟，原来阻挠自己修行的就是自己啊！

人生中往往会遭遇到很多困扰与烦恼，而其中最大的困扰往往是来源于自己！所以，要战胜烦恼，首先要战胜自己！

虽然莫尼卡·狄更斯二十几岁时便已经出版了作品，可是仍然举止笨拙，常感自卑。她有点胖，她觉得衣服穿在别人身上总是比较好看。她在赴宴会之前要打扮好几个小时，可是一走进宴会厅就会感到自己一团糟，总觉得人人都在对她评头论足，在心里耻笑她。

有个晚上，莫尼卡忐忑不安地去赴一个不太熟悉的人的宴会，在门外碰见另一位年轻女士。

“你也是要进去的吗？”

“大概是吧，”女士扮了个鬼脸，“我一直在附近徘徊，想鼓起勇气进去，可是我很害怕。我总是这样子的。”

为什么？莫尼卡在灯光照映的门阶上看看她，觉得她很好看，比自己好看得多。“我也害怕得很。”莫尼卡坦言。她们都笑了，不再那么紧张。她们一起走向前面人声嘈杂、情况不可预知的地方。莫尼卡的保护心理油然而生。

“你没事吧？”她悄悄问道。这是她生平第一次心不在自己身上，而在另一个人身上。这对她自己也有帮助，她开始和别人谈话，觉得自己是这群人中的一员，不再是个局外人。

穿上大衣回家时，莫尼卡和她的新朋友谈起了各自的感受。

“你觉得怎么样？”

“我觉得比先前好。”莫尼卡说。

“我也如此，因为我们并不孤独。”

莫尼卡想：这句话说得真对！我以前觉得孤立，认为世界上的人都自信十足，可是如今遇到了一个和我同样自卑的人。迄今为止，我因为被不安全感吞噬了，根本不会去想别的，现在我得到了另一个启示，会不会有很多人看起来谈笑风生，但实际上心中也忐忑不安？

莫尼卡常去的一家本地报馆，有位编辑对她似乎粗鲁无礼，莫尼卡觉得他的目光永远不和自己接触。她总觉得他不喜欢自己，现在，莫尼卡怀疑，会不会是他怕自己不喜欢他？

第二天去报馆时，莫尼卡深吸一口气，对那位编辑说：“你好，安德森先生，见到你真高兴！”

莫尼卡微笑着抬头。以前，她习惯一面把稿子丢在他桌上，一面低声说道：“我想你不会喜欢它。”这一次莫尼卡改口道：“我真希望你喜欢这篇稿子，大家都写得不好的时候，你的工作一定非常吃力。”

“的确吃力。”那位编辑叹了口气。莫尼卡没有像往常那样匆匆离去，她坐了下来。他们互相看着。莫尼卡发现他不是个咄咄逼人的刻板编辑，而是个头发半秃、其貌不扬、头大肩窄的男人，办公桌上摆着他妻儿的照片。莫尼卡问起他们，那位编辑露出了微笑，严峻而带点悲伤的嘴变得柔和起来。莫尼卡感到他们二人都自在了。

后来，莫尼卡的写作生涯因战争而中断。她去接受护士训练，再次因感觉到医院里的人个个称职，唯自己不行而心中生畏，她觉得自己手脚笨拙，学得慢，穿上制服看上去仍一无是处，引来许多病人抱怨。“她怎么会到这儿来的？”莫尼卡猜他们一定会这样想。

工作繁忙加上疲劳，使莫尼卡不再胡思乱想，也不再继续发胖。她开始感觉到与大家打成一片的喜悦，她是团队的一分子，大家需要她。她看到别人忍受痛苦，遭遇不幸，觉得他们的生命比自己的还重要。

“你做得不坏。”护士长有一天对莫尼卡说。莫尼卡暗喜，她在称赞我！他们认为我一切没问题。莫尼卡忽然惊觉，几星期来根本没有时间为自己是否称职而发愁担忧。

如今，事过多年，莫尼卡有时仍对事业成功的人或粗鲁无礼的店员怀有畏怯之心，也仍害怕处身于素不相识的那种环境中。每当这时，她就告诉自己：别想你自己，过去和那个独自站在那里、紧张不安的人谈谈。

佛心道智

“生命在于运动”这句话比“生命在于思考”这句话更贴近于我们的生活。思考过多，想得过细会让我们觉得生活中有过多的不如意。其实“魔由心生”，生活当中的不如意，大都是你自己胡思乱想的，过分的自负和自卑都会让我们心生烦躁，对自己、对他人不满意。摆脱来自内心的困扰，忘记他人的目光，才能活得自在如意。

5. 活在当下

从前，有位皇帝遇到了三个问题，只要他知道了这三个问题的答案，他就永远不会再有任何麻烦。这三个问题是：做每件事情的最好的时间是什么时间？与你共事的最重要的人是谁？任何时候要做的最重要的事情是什么？

这位皇帝在全国张贴了榜文，宣告说，无论是谁，能够回答这三个问题，都将会得到丰厚的奖赏。答案很多，但皇帝对所有的回答都不满意。于是，皇帝把自己装扮成一个普通的路人，独自一人登山去寻找一位得道高僧。

当皇帝找到高僧的时候，他正在茅棚前的菜园里挖地，这个工作对年老的僧人来说显然很吃力。皇帝上前说道：“我来这儿请您帮忙回答三个问题。做每件事情的最好的时间是什么时间？与你共事的最重要的人是谁？任何时候要做的最重要的事情是什么？”

高僧注意地倾听着，但是他只拍了拍皇帝的肩膀，就继续挖他的地去了。皇帝说：“您一定很累了，让我助您一臂之力吧。”高僧谢过皇帝，把铁锹递给他，然后坐到地头休息。

太阳就要下山了。皇帝放下铁锹，对高僧说：“如果您不能回答我的问题，请明白地告诉我，我好上路回家。”

正说着，皇帝突然看见一个人手捂着胸前流血的伤口拼命跑来。皇帝帮伤者包扎好伤口，和僧人一起把他抬到茅棚里的床上。因为一整天又爬山又挖地，皇帝倚着门口很快就睡着了。当他醒来的时候，太阳已经升起来。有一刹那，皇帝忘记了自己身处何地，忘记了自己到这儿来是干什么的。

他发现那个受伤的男人也正在困惑地打量着他。男人用极其微弱的声音说：“请原谅。”

“但是，你干了什么要让我原谅你呢？”皇帝问。

“在上一次战争中，您杀死了我的兄弟，抢走了我的财产，我曾经发誓要向您复仇。当我得知您要独自一个人上山来找这位高僧的时候，我决定在您回去的路上，出其不意地杀死您。但是，我遇到了您的侍从，他们把我砍伤了，如果没有遇见您，现在我肯定已经死了。我原本想杀死您，可是您却救了我的命！我发誓余生要做您的仆人，请原谅我吧。”受伤的人说。

皇帝没有想到这么容易就与一位宿敌和好了。回宫前，皇帝又一次重复了他的三个问题。高僧看着皇帝说：“你的问题已经得到解答了。”

“什么？”皇帝迷惑不解地问。

“昨天，如果你没有因为我年老而对我生起了怜悯心，从而帮我挖这些菜地的话，你肯定会在回家的路上受到这个人的袭击。因此，最重要的时间是你挖地的时间，最重要的人是我，最重要的事情是帮助我。后来，当那个受伤的人跑到这儿来的时候，最重要的时间是你帮他包扎伤口的时间，否则他肯定会死的，你就失去了与他和解的机会。同样的，他是最重要的人，而最重要的事情是照看他。记住，只有一个最重要的时间，那就是现在，当下是我们唯一能够支配的时间。最重要的人总是当下与你在一起的人，而最重要的事情是使你身边的那个人快乐，因为只有这个才是生活的追求。”高僧说。

佛心道智

不回忆过去，不妄想未来，只过好今天。因为过去已不复来，未来遥不可及，真正抓在我们手中的只有今天，只有当下。去苦苦地追寻生命的意义，不如真实、有意义地把握现在，把今天过好。

6. 无事是贵人，但却莫做作

修习禅定的人，在生活中与一般人是大异其趣的。同样是吃饭，同样是睡觉，为什么给人感觉会有不同呢？且看一位禅师与一位信徒的对话：

“禅师，你用功参禅打坐，是在修行吗？”

“是的！”

“你用的是什么方法呢？”

“饿了就吃，困了就睡。”

“任何人都是这样做的，他们是否也跟你一样，算作修行呢？”

“不。”

“为什么？”

“因为他们吃的时候并不是在吃，而是在想各种各样的事情，从而使自己被扰乱。当他们睡觉的时候也不是在睡，而是在做梦，想许多事情，所以他们与我不同。”

懂得修习禅定的人，首先要做到排除杂念。所谓万法归一，就是把许许多多的杂念收缩到一个点上，就在这一念集中处，寻找究竟。所以说，禅师在吃饭、睡觉的时候，杂念都被排除了。

临济禅师有句名言：“无事是贵人，但却莫做作。”

在日常生活中，往往用“无事”这句话，以表示“安然无恙”的意思。但在禅语中，却具有另一种特殊的含义。

从禅者的本意来说，是指不求佛、不求道以及不向外求人的一种心理状态。即临济禅师所说的：“求心不歇即无事！”

在现实生活当中，几乎人人都有不同的烦恼。在佛典中，经常会见到“烦恼即菩提”这句话。是指人们可以通过心的锻炼，培养出刚直、纯真的个性，因此不必向外求，不要光谈理论，而要亲身去体验实际的感觉与情境。

清远禅师曾讲道：“我现在常被人问得无言以对，问题出在什么地方呢？大概是由于在没有东西的地方看见东西，在没有声音的地方听到声音，在没有道理的地方强做道理，在没有主宰的地方硬做主宰……为什么呢？只是因为有俗心存在，就说佛法没有多少，只要能够平白地说出一句话就可以了。古人讲，佛祖言语以外的事，全都明明白白地说过了，只是大多数人迷乱不清。这个问题如果看不见，那就是站在地上打瞌睡的汉子，各位经常是在光明里张开眼睛，看见了而不知道，叫我怎么办呢？大家久站了。”

其实，人生众多的烦恼都是我们自己强加上去的，佛之所以没有烦恼是因为他把所有的东西都放下了，包括金钱、名声、色相、争执等，当然自身也就会轻轻松松、开开心心的。

一个青年背着个大包裹千里迢迢跑来找无际大师，说：“大师，我是那样的孤独、痛苦和寂寞，长期的跋涉使我疲倦到了极点；我的鞋子破了，荆棘割破了双脚；手也受伤了，流血不止；嗓子因为长久的呼喊而沙哑……为什么我还不能找到心中的目标？”大师问：“那么，你的大包裹里装的是什么呢？”青年说：“它们对我可重要了。里面装的是我每一次跌倒时的痛苦，每一次受伤后的哭泣，每一次孤寂时的烦恼……靠它们，我才走到您这儿。”

于是，无际大师带着青年来到河边，他们坐船过了河。上岸后，大师说：“你扛了船赶路吧！”“什么？扛了船赶路？”青年很惊讶，“它那么沉，我扛得动吗？”“是的，孩子，你扛不动它。”大师微微一笑说，“过河时，船是有用的。但过了河，我们就要放下船赶路，否则，它会变成我们的包袱。痛苦、孤独、寂寞、灾难、眼泪，这些对人生都是有用的，它能使生命得到升华，但须臾不忘，就成了人生的包袱。放下它吧！

孩子，生命不能太负重！"

青年放下包袱，继续赶路，他发觉自己的步子轻松而愉悦，走得比以前也快多了。

佛心道智

今年春节流行的一副搞笑春联颇令人深省，上联是：该吃吃，该喝喝，遇事别往心里搁；泡泡脚，洗洗澡，舒服一秒是一秒。对联中的生活状态正是现代人所缺失的。我们很多人都背着沉重的包袱过日子，这使我们痛苦不堪，要想摆脱烦恼，快乐起来，最好的办法就是放下思想包袱。这样我们就能够轻装前进。

7. 世上本无事，庸人自扰之

有一个学僧问希迁禅师："怎么才能解脱呢？"

希迁禅师回答："谁捆绑着你？"

学僧又问："怎么样才能求得一方净土呢？"

希迁禅师回答："谁污染了你？"

学僧继续追问："怎么样才能达到涅槃永生的境界呢？"

希迁禅师回答："谁给了你生与死？谁告诉你生与死有区别？"

学僧在希迁禅师的步步逼问之下，开始迷惑不解，继而恍然大悟。烦恼是自找的，没有谁能把烦恼强加给你。同样，快乐也是你自己的事，没有谁能够把它夺去。

有一天罗旭下班后乘中巴回家。车上的人很多，连过道上都站满了人。站在罗旭面前的是一对恋人，他们面对面地相拥着，那个男人正对着罗旭，他是一个英俊的男人。女孩背对着罗旭，女孩的背影看上去很标致，高挑、匀称、活力四射，她的头发是染过的，是最时髦的金黄色，她穿着一条今年夏天最流行的吊带裙，露出香肩，是一个典型的都市女孩，时尚、前卫、性感。他们靠得很近，低声絮语着什么。

女孩手里捧着一束鲜红的玫瑰，看得出，他们是一对甜蜜的恋人。也许那个男人很幽默，或者根本就不幽默，但对情人来说他的所有废话都妙趣横生，总之，女孩不时发出欢快的笑声。

笑声引得许多人把目光投向他们，大家的目光里似乎有艳羡，不，罗旭发觉到他们的眼神里还有一种惊讶，难道女孩真是美得让人吃惊？他有一种冲动，很想看看女孩的脸，看那张脸上洋溢着幸福会是一种什么样子。但女孩没回头，她的眼里只有她的恋人。

后来，他们大概聊到了电视剧《还珠格格》，这时男人的声音大了点，他说："片子里的那首歌很好听。"女孩便轻轻地哼起来。女孩的嗓音很美，她把那首缠绵的歌处理得轻快明媚，虽然只是随便哼哼，却别有一番动人的力量。罗旭想，只有足够幸福和自信的人，才会在人群里肆无忌惮地欢歌。这样想来，他便觉得心里酸酸的，像他这样从内到外都极为黯淡的人，何时才会有这样旁若无人的欢乐歌声？

很巧，罗旭和那对恋人在同一站台下了车，这让他有机会看看女孩的脸。罗旭的心怦怦直跳，他知道自己将看到一个绝色美人。然而，就在他大步流星地赶上他们，并回过头来的时候，他被惊呆了，他也理解了片刻之前车上的人那种惊诧的眼神。

他看到的不是想象中上帝精心雕琢的脸，很显然，女孩的脸受到过意外的伤害，比如被火烧或者被开水烫过，他不忍心描绘那种触目惊心的丑陋。他几乎呆在那里，完全想象不到，这样的女孩居然会有那么快乐的心境，会让站在她背后的罗旭，为她的不加掩饰的快乐和幸福所感动。那对恋人也注意到了罗旭，或许他们已经习惯了这种惊愕的眼神，他们非常礼貌和宽容地对他报以坦然一笑，然后相拥着轻快地走过了他的身边。

佛心道智

“我所说的不是我想的，我想的也不是我愿意想的。”哲学大师的这句话套用在现代人身上就是经常“身不由己”。其实并不是身不由己，而是“庸人自扰”。生活中，很多人往往会自寻烦恼，自己给自己套上枷锁，从而搞得自己疲惫不堪。我们应该学会解除这些束缚，给自己减压，从而让自己活得轻松、活得快乐。

8．知错能改，善莫大焉

尘缘大师非常喜爱兰花，在平日诵经健身之余，花费了许多时间和精力栽种和欣赏兰花。

这年夏天，尘缘大师要外出云游一段时间，临行前他交代小和尚：“徒儿，要好好帮我照顾这几盆珍贵的兰花。”

师父走后，小和尚总是细心照顾兰花。但有一天，小和尚在给兰花浇水时，却不小心将兰花架碰倒了，所有的兰花盆都摔碎了，兰花散了满地。

小和尚非常恐慌和难过，打算等尘缘大师回来后向他道歉。“师父会怎么惩罚我呢？要知道，兰花可是他最心爱的东西呀！”

尘缘大师回来了，很快知道了事情的经过。他不但没有责怪小和尚，反而安慰他说：“我种兰花，一来是希望用来观赏消遣、美化环境，二是用来陶冶情操，不是为了生气而种兰花的。”

宽恕是通向内心自由的关键。对待别人的错误，不管是有意还是无意的，只要他真心意识到了，就要原谅他，这样你自己也会减少很多烦恼。

从前有座山，山上有个庙，庙里住着一个老和尚和一个小和尚。

小和尚十分聪慧，颇具慧根。老和尚博学多才，把自己所学全部教给了小和尚，想让他以后继承自己的衣钵。

有一天，小和尚下山化缘，被外面的花花世界吸引，最终留在了尘世，没有回庙里。

小和尚没有回来，老和尚以为他被人拐卖，痛苦万分。

留在尘世的二十年中，小和尚得到了很多，功成名就。

一天，当看着窗外的流水、天上的浮云，他猛然醒悟！终于，他回到庙里，跪在老和尚面前，请求原谅。

小和尚失踪后，老和尚走遍了大半个国家，一直没有放弃寻找。可是今天，小和尚竟然回来了，请求自己原谅，老和尚愤怒了！

老和尚看也不看小和尚，一边采着蘑菇，一边指着胸前的念珠，说道："我能原谅你，可佛祖会原谅你吗？要我原谅你可以，除非这佛珠上也能长蘑菇！"说完，他拂袖而去。

佛珠上怎能长蘑菇？知道师父不能原谅自己，失望的小和尚又回到了尘世……

第二天，老和尚睡醒了，一睁眼，就看到胸前的念珠，还有木板床上，满满地长着大大的蘑菇。

老和尚顿然醒悟。这世间有什么不能被谅解的呢？最宝贵的其实是一颗真诚悔改的心呀！

佛心道智

"浪子回头金不换。"与其将他人的过错记恨到底，倒不如让他自己良心发现，自我谴责。这与治水是一个道理："堵不若疏。"堵只会水涨船高，而疏则会治本疗根。当他人犯了错误的时候，我们一定要保持一颗宽容的心，善于原谅他人，这样，自己的生存空间才会越来越宽阔！

9. 有理想的生活才会快乐

一天，无德禅师正在院子里锄草，抬头看见三位信徒走过来向他施礼，说道：“人们都说佛教能够解除人生的痛苦，但我们信佛多年，却并不觉得快乐，这是为什么呢？”

无德禅师放下手里的锄头，安详地看着他们，说道：“想快乐并不难，但首先要弄明白人为什么活着。”

三位信徒你看看我，我看看你，都没料到无德禅师会向他们提出这样的问题。

过了一会儿，甲说：“人总不能死吧！死亡太可怕了，所以人要活着。”

乙接着说：“我现在拼命地劳动，就是为了老的时候，能够享受到粮食满仓、子孙满堂的生活。”

丙最后说：“我可没你那么高的奢望。我必须活着，否则一家老小靠谁养活呢？”

无德禅师笑着说：“你们当然都不会快乐，因为你们活着只是由于恐惧死亡，由于等待年老，由于不得已的责任，却不是由于理想。人若失去了理想，就不可能活得快乐。”

甲、乙、丙三位信徒齐声道：“那请问禅师，我们要怎样生活才能快乐呢？”

无德禅师问：“那你们想得到什么才会快乐呢？”

甲信徒道：“我认为我有金钱就会快乐了。”

乙信徒道：“我认为我有爱情就会快乐了。”

丙信徒道：“我认为我有名誉就会快乐了。”

无德禅师说："那我提个问题：为什么有人有了名誉却很烦恼，有了爱情却很痛苦，有了金钱却很忧虑呢？"信徒们你看看我，我看看你，无言以对。

无德禅师说："理想、信念和责任并不是空洞的，而是体现在人们每时每刻的生活中。必须改变生活的观念、态度，生活本身才能有所变化。名誉要服务于大众，才有快乐；爱情要奉献于他人，才有意义；金钱要布施于穷人，才有价值，这种生活才是真正快乐的生活。"

人生在世，都有一个共同的愿望，那就是希望能够活得快乐。快乐是人人都有的希望，但实际上并不是人人都能享有幸福快乐的人生。我们如何才会快乐？佛家用般若的思想为我们提供了五点建议。

第一，以舍为有。

有的人整天妄想、贪求，这样的人生永远不会快乐。相反的，懂得施舍的人生，才会快乐无穷。"舍"并不是完全给人，而是一种结缘，例如专心听你讲话、帮你做一件事情、给你一些助力、给你一个微笑、给你一个注目礼，这些都是结缘。所以，表面上看起来你是在给人，其实是在播种福田。能够舍的人表示自己很富有，因为你内心有感恩、有满足，你才肯舍，才肯给人。心中有善意，才能说好话；心中有快乐，脸上才有笑容。所以"以舍为有"，才会快乐。

第二，以忙为乐。

一般人喜欢偷闲，其实偷闲是苦，忙才会快乐。有人常问一位禅师："这么多年不见了，您怎么一点儿也没有老呢？"禅师回答："我很忙，没有时间老啊！"因为忙得很快乐，忙得乐而忘忧，所以不知老之将至也。

第三，以勤为富。

一般人都希望自己发财，其实只要勤劳，就是一种财富；不勤劳，即使拥有万贯家财，也会坐吃山空，所以要"以勤为富"。

第四，以忍为力。

佛祖之所以是佛祖，是因为他"难忍能忍，难行能行"。所谓"三祇修福慧，百劫修相好"，一个人能够忍，就有力量。所以我们要能忍苦、忍难，忍饥、忍饿，忍早、忍晚，要"以忍为力"，一忍万事成。

第五，用般若来生活。

首先，我们做人处事，不光是用感情，也不光是用物质，而是要用"般若"，"般若"就是智慧。比方说你有技能，你把技术传授给别人；你有哲学的思想、有好的道理贡献给别人，这就是般若。能用"般若"处事，做什么事情都是好事、都是善事，不会有副作用。

其次，在举心动念间，千万不要存有贪欲、嗔恨、自私；不要处心积虑地算计别人。凡事能为别人着想，能用般若思想，必能获得别人的信赖和敬重。

最后，用平常心来生活。我们的生活里如果有平常心，吃饭的时候就能体会"一粥一饭来之不易"。那么这碗饭就会吃得很香，就觉得菜根有菜根的香味，就容易知足。如果你用不满的心情来吃的话，即使珍馐美味也不会觉得好吃。

佛心道智

生命的意义是需要用理想来承载的，生活的快乐是需要用智慧来换取的。理想、信念和责任并不是空洞的，而是体现在人们每时每刻的生活中。必须改变生活的观念、态度，生活本身才能有所变化。用平常心去过好每一天，这种生活才是真正快乐的生活。

10. 放下

佛陀在世时，有一位名叫黑指的婆罗门，拿了两个花瓶，来到佛陀的座前，想把这两个花瓶献给佛陀。

佛陀对黑指婆罗门说："放下！"

黑指婆罗门把他左手拿的那个花瓶放下了。

佛陀又说："放下！"

黑指婆罗门又把他右手拿的那个花瓶放下了。

然而，佛陀还是对他说："放下！"

这时黑指婆罗门说："我已经两手空空，没有什么可以再放下了，请问现在你要我放下什么？"

佛陀说："我并没有叫你放下你的花瓶，我要你放下的是你的六根、六尘和六识。当你把这些统统放下，再没有什么了，你将从生死桎梏中解脱出来。"

黑指婆罗门抓了抓自己的脑袋，心想：我真愚昧啊！我到这里来就是为了这个"放下"，为了精神的解脱啊！

人们之所以烦躁、不安，甚至有时候还会狂乱，最根本的原因就是精神的束缚，放下了，才能使精神得到解脱。

有一个吸毒的囚犯，被关在牢狱里，他的牢房空间非常狭小，住在里面很是拘束，不自在又不能活动。他的内心充满着愤慨与不平，倍感委屈和难过，认为住在这么一间小囚牢里，简直就是人间地狱，所以他每天就这么怨天尤人，不停地抱怨着。

有一天，这个小牢房里飞进来一只苍蝇，嗡嗡叫个不停，到处乱飞乱撞。他心想：我已经够烦了，又加上这讨厌的家伙，实在气死人了，我非捉到它不可！

囚犯小心翼翼地捕捉，无奈苍蝇比他更机灵，每当快要捉到它时，它就轻盈地飞走了。苍蝇飞到东边，他就向东边一扑；苍蝇飞到西边，他又往西边一扑。捉了很久，还是无法捉到它。他这才慨叹地说，原来我的囚房不小啊！居然连一只苍蝇都捉不到，可见蛮大的嘛！此时他悟出一个道理：心中有事世间小，心中无事一床宽。

所以说，心外世界的大小并不重要，重要的是我们自己的内心世界。一个胸襟宽阔的人，纵然住在一个小小的囚房里，亦能转境，把小囚房变成大千世界；而一个心量狭小、不满现实的人，即使住在摩天大楼里，也会感到事事不能称心如意。

正如无门禅师所说：“春有百花秋有月，夏有凉风冬有雪；若无闲事挂心头，便是人间好时节。”我们每一个人，不要常常计较环境的好与坏，要注意内心的解脱与宽容，所以内心的世界是非常重要的。

佛心道智

佛家讲求“放下”，就连“放下”二字也要“放下”。身处尘世，我们有太多的东西放不下，功名，金钱，爱情，事业……这些重担与压力，使很多人生活得非常艰苦。在必要的时候，“放下”不失为一条解脱之道。

11．在内心中寻找一份安宁

有位虔诚的女施主，每天都从自家的花园里采撷鲜花到寺院供佛。一天，当她送花到佛殿时，碰巧遇到无德禅师从法堂出来。无德禅师非常欣喜地说道：“你每天都这么虔诚地以香花供佛，根据佛家经典记载，常以香花供佛者，来世当得庄严相貌的福报。”

女施主非常高兴地回答道：“这是应该做的。我每次来您这里礼佛时，觉得心灵就像洗涤过似的清凉，但回到家中，心就烦乱了。作为一个家庭主妇，如何在烦嚣的尘世中保持一颗清净纯洁的心呢？”

无德禅师反问道：“你以鲜花献佛，对花草总有一些常识，我现在问你，你如何保持花朵的新鲜呢？”

女施主答道：“保持花朵新鲜的方法，莫过于每天换水，并且在换水时把花梗剪去一截，因为这一截花梗已经腐烂，腐烂之后水分不易吸收，花就容易凋谢！”

无德禅师说：“其实，保持一颗清净纯洁的心，道理也是一样的。我们的生活环境就像瓶里的水，我们就是花，唯有不停净化我们的身心、变化我们的气质，并且不断地忏悔、检讨，改掉陋习、缺点，才能不断吸收到大自然的食粮。”

女施主听后，作礼感谢道：“谢谢禅师的开示，希望以后有机会亲近禅师，过一段寺宇中禅者的生活，享受晨钟暮鼓、菩提梵歌的宁静。”

无德禅师说：“你的呼吸就是梵歌，脉搏跳动就是钟鼓，身体就是寺宇，两耳就是菩提，无处不是宁静，又何必等机会到寺宇中生活呢？”

看来，对于真正懂得修行的人，无处不是禅，无处不是佛，无处不是宁静祥和。而对一般的俗众，保持一颗平和心也是非常重要的。

从前，有两位庄户人家，一家的牛吃草过界，糟蹋了另一家的庄稼，两人便吵了起来，各不相让，最后打了起来，互相牵扯着进了县衙。

那会儿县太爷正赶上心情不好，也不问青红皂白，惊堂木一拍，喝令两人将县衙门外捕快们练功用的石碌碡，合力扛回村去再回来告状。

两人面面相觑，可是要对付二三百斤重的石碌碡，还真的要齐心协力。尽管如此，只搬到公路上，两人就已筋疲力尽。坐在路边的树荫下，一阵南风吹来，两人如醍醐灌顶，幡然醒悟。遂租来一辆马车，将那石碌碡送回县衙，悄然息讼，携手而归。

还有一个故事，也是劝人平息怒火的：

某甲受人诽谤，感到名誉受损，便带一把杀猪刀去找诽谤者算账。途经长长的河堤，一路垂柳拂岸，白浪逐沙，水鸟在木船上盘旋，在碧蓝的天空倒映下，河流仿佛玉带轻盈飘动……

为眼前的美丽景致所吸引，某甲步子渐渐地慢下来，后来干脆坐在草坡上折一枝柳条做笛，吹奏起放牛小调，全然忘记了腰间还藏着尖刀，忘记了此行的目的。

佛心道智

冲动是魔鬼，一时的冲动往往会铸成不能回头的大错。如果没有自然的美景帮助你平息内心的怒火，这个时候，就需要我们在自己内心中寻找一份安宁。这种安宁不仅能平息心头怒火，还能化干戈为玉帛。我们平日里就像养花一样，时时浇浇水，时时培养自己平和的心态，这样才能在突发事件面前沉稳、冷静。

12．只要将拥有的做好就行

有位孤独者依靠着一棵树晒太阳，他衣衫褴褛，神情萎靡，不时有气无力地打着哈欠。

一位僧人从此经过，好奇地问道："年轻人，如此好的阳光，如此难得的季节，你不去做你该做的事情，在这里懒懒散散地晒太阳，岂不辜负了大好时光？"

"唉！"孤独者叹了一口气道，"在这个世界上，除了我自己的躯壳外，我一无所有。我又何必去费心费力地做什么事呢？每天晒晒我的躯壳，就是我做的所有的事了。"

"你没有家？"

"没有。与其承担家庭的负累，不如干脆没有。"孤独者说。

"你没有你的所爱？"

"没有。与其爱过之后便是恨，不如干脆不去爱。"

"你没有朋友？"

"没有。与其得到还要失去，还不如干脆没有朋友。"

“你不想去赚钱？”

“不想。千金得来还复去，何必劳心费神动躯体？”

“噢。”僧人若有所思，“看来我得赶紧帮你找根绳子。”

“找绳子干吗？”孤独者好奇地问。

“帮你自缢。”

“自缢？你叫我死？”孤独者惊诧道。

“对。人有生就有死，与其生了还会死去，不如干脆就不出生。你的存在，本身就是多余的，自缢而死，不是正合你的逻辑吗？”

孤独者无言以对。

人生在世，如果太闲散了就失去了生活的意义。其实，大多时候生活并不需要我们去做什么轰轰烈烈的事，只要从身边力所能及的一点一滴做起就好。

有位记者曾到芝加哥大学访问罗伯特·哈金斯校长，请教他是如何对待生活中的不利因素的。他的回答是：“我一直遵循已故的西尔斯百货公司总裁朱利斯·罗森沃德的建议——‘如果你手中只有一个柠檬，那就做杯柠檬汁吧！’”

这正是那位芝加哥大学校长所采取的方法，但一般人却刚好反其道而行之。如果人们发现命运送给他的只是一个柠檬，他会立即放弃，并说：“我完了！我的命怎么这么不好！一点机会都没有。”于是他与世界作对，并且陷入自怜之中。如果是一个聪明人得到了一个柠檬，他会说：“我可以从这次不幸中学到什么？怎样才能改善我目前的处境？我怎样把这个柠檬作成柠檬汁？”

伟大的心理学家阿德勒穷其一生都在研究人类及其潜能，他曾经宣称他发现了人类最不可思议的一种特性——人天生具有一种反败为胜的力量。

一位名叫瑟尔玛·汤普森的女士讲述她自己的经历，正好验证了这句话：

“战时，我丈夫驻防加州沙漠的陆军基地。为了能经常与他相聚，我搬到那附近去住。那实在是个可憎的地方，我简直没见过比那更糟糕的地方。我丈夫外出参加演习时，我只好一个人待在那间小房子里。热得要命——仙人掌树荫下的温度高达华氏125度，没有一个可以谈话的人。风沙很大，所有我吃的、呼吸的都充满了沙子、沙子、沙子！

“我觉得自己倒霉到了极点，觉得自己好可怜。于是我写信给我父母，告诉他们我要放弃了，准备回家，我一分钟也不能再忍受了，我情愿去坐牢也不想待在这个鬼地方。我父亲的回信只有一句话，这句话常常萦绕在我心中，并改变了我的一生：‘有两个人从铁窗朝外望去，一个人看到的是满地的泥泞，另一个人却看到满天的繁星。’

“我把这句话反复念了好几遍，我觉得自己很丢脸。决定找出自己目前处境的有利之处，我要找寻那一片星空。

“我开始与当地居民交朋友，他们的反应令我感动。当我对他们的编织与陶艺表现出很大的兴趣时，他们会把拒绝卖给游客的心爱之物送给我。我研究各式各样的仙人掌及当地植物。我试着多认识土拨鼠，我观看沙漠的黄昏，找寻300万年前的贝壳化石，原来这片沙漠在300万年前曾是海底。

“是什么带来了这些惊人的改变呢？沙漠并没有发生改变，改变的只是我自己。因为我的态度改变了，正是这种改变使我有了一段精彩的人生经历，我所发现的新天地令我觉得既刺激又兴奋。我着手写一本书——一本小说——我逃出了自筑的牢狱，找到了美丽的星辰。”

佛心道智

与其坐在办公室幻想，要做个大老板赚很多钱，不如先把手头这份工作做好。人生太闲散了就会失去生活的意义。与其沉浸在失败中自怨自艾，不如从失败中找寻有价值的东西。当我们发现自己一无所有的时候，我们应该想到，至少我们还活着。只要活着，一切都有可能。改变自己才是最重要的。

13．错是对，对是错

济公活佛到处云游。有一天看到两个猎人在指手画脚，好像为了一件事而争论得面红耳赤，唾沫横飞。

济公便询问他们在争论什么，原来是为了一道算术题。矮个儿说三八等于二十四，高个儿坚持说三八等于二十三，各持己见争论不休，以至于几乎动起手来。

最后，二人打赌请一个圣贤做裁定，谁的答案正确，对方就将一天的猎物给胜者。

这时，济公来到他们的跟前。二人请济公裁定。

济公竟然叫认为三八等于二十四的矮个儿将猎物交给说等于二十三的高个儿猎人。高个儿拿着猎物走了。矮个儿当然不能认可这种裁判。

他气愤地说："三八二十四，这是连小孩子都不争论的真理，你是活佛，却认为三八等于二十三，看样子也是徒有虚名啊！"

济公笑道："你说的没错，三八等于二十四是小孩子都懂的真理，你坚持真理就行了，干吗还要与一个根本就不值得认真对待的人，讨论这种不用讨论也再明显不过的问题呢？"

矮个儿猎人似有所悟，济公拍拍他的肩膀，说道："那个人虽然得到了你的猎物，但他却得到了一生的糊涂；你是失去了猎物，但得到了深刻的教训！"

矮个儿猎人听完济公的话，点了点头。

佛心道智

古人云：“士君子须是内精明而外浑厚”“大聪明的人，小事必朦胧；大懵懂的人，小事必伺察”。要做到郑板桥的“难得糊涂”确实不易，这不仅需要有一定的修养，更需要有一定的雅量。

14．与人方便，与己方便

仙崖禅师外出弘法，路上，遇到一对夫妇吵架。

妻子：“你算什么丈夫，一点都不像男人！”

丈夫：“你骂，你要再骂，我就打你！”

妻子：“我就骂你，你不像男人！”

这时，仙崖禅师听后就对过路行人大声叫道：“你们来看啊！看斗牛要买门票，看斗蟋蟀、斗鸡都要买门票；现在斗人，不要门票，你们来看啊！”

夫妻仍然继续吵架。

丈夫：“你再说一句我不像男人，我就杀了你！”

妻子：“你杀！你杀！我就说你不像男人！”

仙崖：“精彩极了，现在要杀人了，快来看啊！”

有个路人看不惯了，说：“和尚！大喊大叫什么？人家夫妻吵架，关你何事？”

仙崖：“怎么不关我的事？你没听到他们要杀人吗？杀死人就要请和尚念经，念经时，我不就有红包拿了吗？”

路人："真是岂有此理，为了红包就希望人家被杀死，你还是出家人吗？"

仙崖："希望不死也可以，那我就要说法了。"

这时，吵架的夫妇停止了争吵，双方不约而同地围上来听听仙崖禅师和路人争吵什么。

仙崖禅师对吵架的夫妇说教道："再厚的寒冰，太阳出来时都会融化；再冷的饭菜，柴火点燃时都会煮熟。夫妻有缘生活在一起，要做太阳，温暖彼此；做柴火，成熟彼此。希望贤夫妇要互相敬爱，共享幸福的人生！"

同样，对于陌生人也要学会做太阳、做柴火，爱人者人亦爱之，只有在遇到冲突的时候，学会谦让，学会宽以待人，用一个博爱的心照亮彼此，才不会使矛盾进一步恶化，对彼此都有好处。

有一位绅士要去处理一件急事，在去的路上要经过一座独木桥。他到了独木桥之后，刚走几步便遇到一个孕妇。绅士很礼貌地转过身回到桥头，让孕妇过了桥。孕妇一过桥，绅士又走上了桥。这次都走到桥中央了，又遇到了一位挑柴的樵夫，绅士二话没说，回到桥头让樵夫过了桥。

第三次，绅士再也不贸然上桥，而是等独木桥上的人过尽后，才匆匆上了桥。眼看就到桥头了，迎面赶来一位推独轮车的农夫。绅士这次不甘心回头，摘下帽子，向农夫致敬："亲爱的农夫先生，你看我还有两步就要到桥头了，能不能让我先过去？"农夫不干，把眼一瞪，说："你没看我急着去赶集吗？"

话不投机，两人争执起来。这时河面上漂来一叶小舟，舟上坐着一个胖和尚。和尚刚到桥下，两人不约而同地请和尚为他们评理。

和尚双手合十，看了看农夫，问他："你真的很急吗？"

农夫答道："我真的很急，晚了便赶不上集了。"

和尚说："你既然急着去赶集，为什么不尽快给绅士让路呢？你只要退那么几步，绅士便过去了，绅士一过，你不就可以早点过桥了吗？"

农夫一言不发，和尚便笑着问绅士：“你为什么要农夫给你让路呢，就是因为你快到桥头了吗？”

绅士争辩道：“在此之前我已给许多人让了路，如果继续让农夫的话，便又过不了桥了。”

“那你现在是不是就过去了呢？”和尚反问道，“你既已经给那么多人让了路，再让农夫一次，即使过不了桥，起码保持了你的风度，何乐而不为呢？”绅士满脸涨得通红。

佛心道智

夫妻之间何必恶言相对，朋友之间何必面红耳赤。“谦让者，自得益。”与人方便，自己方便，忍一时风平浪静，退一步海阔天空。在生活中谦让一些，既能显出自己的风度，又能减少很多不必要的麻烦。

15．生气是拿别人的错误来惩罚自己

古时有一个妇人，特别喜欢为一些琐碎的小事生气。她自己也知道这样不好，便去求一位高僧为自己说道，开阔心胸。

高僧听了她的讲述，一言不发地把她领到一座禅房中，落锁而去。

妇人气得跳脚大骂。骂了许久，高僧也不理会。妇人又开始哀求，高僧仍置若罔闻。妇人终于沉默了。

高僧来到门外，问她：“你还生气吗？”

妇人说：“我只为我自己生气，我怎么会到这地方来受这份罪。”

“连自己都不原谅的人，怎么能心如止水？”高僧拂袖而去。

过了一会儿，高僧又问她：“还生气吗？”

“不生气了。”妇人说。

“为什么？”

“气也没有办法。”

“你的气并未消逝，还压在心里，爆发后将会更加剧烈。”高僧又离开了。

高僧第三次来到门前，妇人告诉他：“我不生气了，因为不值得气。”

“还知道值不值得，可见心中还有衡量，还是有气根。”高僧笑道。

当高僧的身影迎着夕阳立在门外时，妇人问高僧：“大师，什么是气？”

高僧将手中的茶水倾洒于地。妇人看了很久后，顿时领悟，向高僧道谢后离去。

很多人喜欢生气，即使为了一点小事，也会气得不得了，其实很多事情并不值得你生气，生气是对自己不负责任的表现，是用别人的错误来惩罚自己。同时，生气的时候不能控制自己，还会因为一点点小事造成很恶劣的结果，等到后悔的时候却已经迟了。

小张和阿芳结婚4年了。4年来，他们经常为一些鸡毛蒜皮的小事吵吵闹闹。

这天阿芳回娘家，小张下班回来，发现钥匙丢了，进不了门。他费尽周折，最后才让邻居家一个特别瘦小的孩子，从防盗窗的空隙钻进去，打开房门。

小张记得小抽屉里还有一把备用的钥匙，可他拉开小抽屉，钥匙却不见了。等妻子回来，小张就问：“阿芳，小抽屉里的钥匙呢？”阿芳不高兴地说：“我把钥匙给我父亲了。怎么，这你也要管？怕我父亲开门来偷东西？你放心吧，我父亲不是贼。”小张本来想告诉妻子，说自己今天丢失了钥匙，可听到妻子一开口火气就这么大，他也就懒得说了。

阿芳的嘴却不懒，她爱说话。阿芳把小张追问钥匙的事告诉了自己的母亲。阿芳的母亲赶紧对丈夫说：“老头子，你快点把钥匙还给小张。万一他家里丢了什么东西，你跳进黄河也洗不清。”阿芳的父亲生气地说：“我要他的钥匙，是为了送米给他的时候方便进门，谁偷他的东西了？”老人种有几亩田，常常送米给女婿。

阿芳的父亲把钥匙还给了小张。从此以后，他不再送米给女婿了。阿芳的父亲心中愤愤不平，一见到熟人就把他送米给女婿反而被女婿当作贼的事讲一遍，讲完后，总是叹气说：“唉，我真是瞎了眼，把女儿嫁给这么缺德的人。”

不久，阿芳父亲的话传到了小张的耳朵里，他气呼呼地质问岳父：“你怎么骂我缺德？”阿芳的父亲说：“你就是缺德。我当初把阿芳嫁给你真是瞎了眼。”小张说：“嫁错可以离婚嘛！”阿芳的父亲说：“离就离！”

阿芳却不想离婚，她拉住小张的衣袖说：“如果你改正，我愿意跟你过一辈子。你快向老爸认个错吧。”小张说：“你们把污水泼在我身上，还要我认错，岂有此理？”阿芳生气地说：“你不要抵赖了，现在谁不知道你把我父亲当作贼？”小张说：“算了算了，我怕你，我走。”

离了婚后，小张和阿芳才想：到底为什么离婚呢？好像只为一把钥匙，又好像为了很多。

佛心道智

家家都有一本难念的经。夫妻、婆媳、姑嫂、妯娌之间的磕磕碰碰都是难免的，其实大多都是一些鸡毛蒜皮的小事。面对这些小事，我们不能总用生气的方式来让争吵、矛盾升级，这样受到伤害的首先就是你自己。而是应该心平气和地理智对待，原则性的问题要严肃对待，但一些小事情挥挥手就过去了，不必放心上，不必在意，更不必生气动粗。

16. 一生只“偷”一次

石屋禅师云游的时候，在路上碰到一位陌生人，谈得很投机，眼看天色已晚，两人决定一同到旅店里住宿。

半夜，石屋禅师被房间里一阵窸窣的声音惊醒，就问他的同伴：“天亮了吗？”

对方回答：“没有，现在仍是深夜。”

石屋心里起了疑心，于是问道：“你到底是谁？”

对方坦率地回答：“实话告诉你吧，我是一个小偷！”

石屋平静地说：“噢！原来是小偷，你前后偷过几次？”

小偷：“那我可记不清。”

石屋：“你每偷一次东西，能高兴多久？”

小偷：“那要看偷的东西价值多大。”

石屋：“比如偷到价值连城的珠宝吧，你能够高兴多久？”

小偷：“当时当然欣喜若狂，但是过后仍然不快乐。”

石屋：“原来你只是个区区小贼，为什么不大大地做一次呢？”

小偷很高兴，以为遇到了知音，急忙请教道：“你是此中高手吧？你一共偷过几次？”

石屋：“只一次。”

小偷很失望：“只一次呀，这样哪里能够用呢？”

石屋：“只这一次，足以令毕生受用不尽。”

小偷大喜，迫不及待地问道：“这东西是在哪里偷的？能教我吗？”

石屋禅师一把抓住那人的胸部，大声说道：“就在这里，你的心！这就是无穷无尽的宝藏，你将你的所有能力奉献在此事业上，一定会毕生受用不尽，你懂吗？你懂吗？”

小偷：“你说的我好像懂，又好像不懂，这种感受我说不出来，可是却让人很舒服。”

小偷深深后悔自己偷窃的行为，最后皈依石屋禅师门下，做了一个禅者。

长久的快乐在哪里？在钱、财、名、利那里吗？

不！它们也许能够给我们短暂的刺激。真正持久从容的快乐，只在一个地方，那就是在我们的心中。

传说某一天，上帝和天使们召开一个头脑风暴会议。上帝说：“我要人类在付出一番努力之后才能找到幸福快乐，我们把人生幸福快乐的秘密藏在什么地方比较好呢？”

有一位天使说：“把它藏在高山上，这样人类肯定很难发现，非得付出很多努力不可。”

上帝听了摇摇头。

另一位天使说：“把它藏在大海深处，人们一定发现不了。”上帝听了还是摇摇头。

又有一位天使说：“我看哪，还是把幸福快乐的秘密藏在人类的心中比较好，因为人们总是向外去寻找自己的幸福快乐，而从来没有人会想到在自己身上去挖掘这幸福快乐的秘密。”

上帝对这个答案非常满意。

从此，这幸福快乐的秘密就藏在了每个人的心中。

佛心道智

每个人都已经具备使自己幸福快乐的资源，像谦虚、合作精神、积极的态度，还有爱心。这些快乐的特质几乎都可以在每个人的身上找到，只是许多人没有把这些“快乐的资源”运用好而已。

17. 境由心生

镜虚禅师带着弟子满空云游四方，满空出家不久，还不习惯这样辛苦地在外面行走。他一路上嘀嘀咕咕，嫌行囊太重，要求找个地方歇会儿。

镜虚禅师总是说："再走一会儿吧，再走一会儿吧。"就是不歇，反而越走越快，满空在后面追赶得气喘吁吁。

有一天，师徒俩走了好长一段山路后，经过一个村庄，满空说："师父！累死人了，现在可以休息一下了吧？"正在这时，一个妇女迎面走来，镜虚突然跑过去，抓住那个妇女的双手。那个妇女吓了一大跳，立即尖声大叫："救命啊！非礼啊！老和尚非礼啊！"

妇女的家人和邻居听到声音急忙赶出来，果然看到镜虚在拉扯妇女，都义愤填膺，齐声喊打。镜虚见势不妙，赶紧松手，不顾一切地撒腿就跑。满空被这突然的变故惊呆了，愣了好一会才反应过来，背起行囊飞似的跑起来！

师徒俩一路狂奔，一刻也不敢停，跑了几条山路，见后面没人追来，看来已经摆脱他们了，二人才在附近的一条山路边停下来。满空擦了擦额头上的汗，愤愤不平地埋怨道："师父！没想到您还这样，您安的什么心啊？这也算参禅悟道吗？我还是回家去吧。"

镜虚禅师既不生气，也不解释，他只是回过头来关切地问："现在，你还觉得背上的行囊重吗？"

满空如实回答道："奇怪，奔跑的时候，一点都不觉得重了。"

满空看着师父殷切的眼神，突然间有所领悟。

心境不同，感受也就不同。在奔跑的过程中，由于惊慌，满空根本没有时间考虑背上的重物，所以就很轻松。在生活中也一样，我们如果选择一种安宁平和的心境，就不会有那么多烦恼了。

苏格拉底是单身汉的时候，和几个朋友一起住在一间只有七八平方米的小屋子里，尽管生活非常不便，但是，他一天到晚总是乐呵呵的。

有人问他：“那么多人挤在一起，连转个身都困难，有什么可乐的呢？”

苏格拉底说：“朋友们住在一块儿，随时都可以交换思想、交流感情，这难道不是很值得高兴的事儿吗？”

过了一段时间，朋友们一个个相继成家了，先后都搬了出去。屋子里只剩下了苏格拉底一个人，但是他每天仍然很快活。

那人又问：“你一个人孤孤单单的，有什么好高兴的？”

“我有很多书啊！一本书就是一个老师。和这么多老师在一起，时时刻刻都可以向他们请教，这怎能不令人高兴呢？”

几年后，苏格拉底也成了家，搬进了一座大楼。这座大楼有七层，他的家在最底层。底层在这座楼里的环境是最差的，上面老是往下面泼污水，丢死老鼠、破鞋子、臭袜子和杂七杂八的脏东西。那人见他还是一副自得其乐的样子，好奇地问：“你住这样的房间，也感到高兴吗？”

“是呀！你不知道住一楼有多少妙处啊！比如，进门就是家，不用爬很高的楼梯；搬东西方便，不必费很大的劲儿；朋友来访容易，用不着一层楼一层楼地去叩门询问……特别让我满意的是，可以在空地上养一丛一丛的花，种一畦一畦的菜，这些乐趣，数之不尽啊！”苏格拉底情不自禁地说。

过了一年，苏格拉底把一层的房间让给了一位朋友，这位朋友家里有一个偏瘫的老人，上下楼很不方便。他自己搬到了第七层，可是每天见他仍是快快乐乐的。

那人揶揄地问：“先生，住七层楼是不是也有许多好处呀！”

苏格拉底说：“是哟，好处可真不少呢！举几个例子吧：每天上下几次，这是很好的锻炼机会，有利于身体健康；光线好，看书写文章不伤眼睛；没有人在头顶干扰，白天黑夜都非常安静。”

后来，那人遇到苏格拉底的学生柏拉图，问道：“你的老师总是那么快快乐乐，他每次所处的环境并不比我好呀，为什么我却没有那么多的快乐？”

柏拉图回答说：“因为他和你的心境不同啊！”

佛心道智

在长途车上看一部自己喜欢的电影，在异地他乡每日与心爱的人煲一通电话粥。这样，是不是会让我们觉得旅途很短，距离很近？“境由心生。”心境，其实就是对待生活、对待人生的一种态度，乐观的心境成就快乐的人生，悲观的心境造成阴郁的人生。在心中不愉快之时，做一些让人愉快之事，想一些愉快之事，你也就会变得很愉快了。

18．只有人才会使人幸福

很久以前，有一个女孩，住在一个偏僻的乡村里。村子里只有几匹马，几朵花。当这个女孩提出去外面看一看世界时，家人都说等她再长大一些再说，她就一直等啊等啊，等着自己长大了，就可以离开村子，去看看外面的世界。

女孩知道，在自己心里，有比马匹、花朵、村里的人们更重要的生活。她一直在攒着钱，终于有一天，她有了足够的钱可以去外面的世界看看。

女孩踏上了一块陌生的土地，惊奇地发现了许许多多从未见过的新鲜玩意儿。这里有那么多的新奇的动物和食物，有那么多陌生的声音和脸庞，让她应接不暇。她漫步在路上，想尽可能多地弄懂并记住她所看到的一切。

女孩享受着经历新事物的快感，但渐渐发现它们和从前见过的并没有什么大的区别。树还是那样的树，花还是那样的花，马还是那样的马，只是组合起来的方式不同罢了。她漫步在路上，发现她已经弄懂并记住了这里的一切。

一天，女孩坐在路旁休息。她累了，一坐就是几个小时，看着眼前人们来来往往。一位老禅师在她旁边坐下。

"你不是本地人，对吗？"老禅师问道。

"是的。"女孩说，"我来自一个遥远的乡村。"

"那么你在这儿做什么呢？"

老禅师的眼睛清澈慈祥。

"我……"她欲言又止，"我不知道。"

老禅师叹了口气。

"老师父，这里的人拥有那么多好东西，您认为他们会为此而感到幸福吗？"女孩眨眨眼睛，问道。

"因为东西幸福？不，不。"老禅师摆摆手，"只有人才会使人幸福。你只需要知道怎样去爱他人。人不是物品，人会思考，会感觉。你要告诉他们你爱他们，你要表达出来，你要说赞美的词语，你要喜欢他们，你要懂得欣赏人们原本的样子。你不能期望他们会为你做事，给予你更多。不过最重要的，你要让他们也爱你。我们真是有趣的生物，人和人之间竟有着千差万别。但是我们都有一样共同的东西。我们都需要爱，爱别人就是菩萨。"老禅师盯着街上出神，沉思了好一阵，"这就是你需要知道的。"

女孩点了点头，说："我从您这里学了很多，谢谢您。"

女孩回到了村里，村民们聚在村口，欢迎她。他们望着她，对着她笑。她第一次注意到他们的脸是多么友好和善良。她每天都能看见他们，但她从未真正留心过。她看到，他们是那样的爱她。

母亲问她学到了什么。

“我学会了如何爱人。”她说着，幸福的泪水在眼中闪烁。村民们点点头：“这里有最好最好的人。”

佛心道智

孟子曰：“老吾老以及人之老，幼吾幼以及人之幼。”这不仅是一种高尚操守和品德的体现，而且我们在爱他人的同时，能换得他人的笑脸、祝福，从而自身感受到温暖与爱意。不去爱别人自己也就得不到爱，试想，一个没有爱的人，他的人生是多么的空虚与可怕呀！

19. 做回自己

一位远途而来、饥饿不堪的官吏，与一位几日未餐的得道高僧一同用饭，桌子上摆着一大一小两碗面。官吏将大碗的推到高僧面前，以示敬重。这位高僧毫不客气地将这碗面很快吃下。官吏又将小碗推过去说：“师父，您如果没有饱，就将这碗也吃了吧。”高僧又是毫不犹豫地将这碗面吃下。

此时，饿极的官吏很是恼火，呵斥道：“您既是得道高僧，看来实在徒有虚名，连起码的谦让礼貌都不懂得。您饿，我更饿，您非但不替人排忧解难，反而加难于人，谈何得道？出家人慈悲为怀，您又何以普度众生？”

高僧缓缓地笑道：“先前，你推让大碗的给我，而我原本就是愿吃大碗的。我若再推回给你，这非我的本愿，我何必要去那样做呢？后来，你又将小碗的让给我吃，而我的本愿也是想再吃下这个小碗的，所以我又没有推辞。而你两次对我的谦让，是出于你的真心吗？"官吏顿时大悟，谢过高僧的教诲。

中国人大多都有谦虚的习惯，谦虚不是坏事，但有时候过于谦虚就成了假谦虚，偏离了人的本性。比如说吃饭，目的是吃饭，谁吃都是吃，何必再你推我让。明明心里非常的想，却不敢去做，压制本欲，表面上是礼貌的，人家说你乖，可内心却在背叛自己。殊不知礼仪只是一种形式，而拘泥于礼仪的形式不过是虚假的表现。

另外，做回真我不仅要求我们摆脱虚假礼仪的束缚，还要有主见，不要人云亦云，要敢于体现出自己独特的品格。

从前，有一个美丽的花园，里面长满了苹果树、橘子树、梨树、橡树和玫瑰花，这里真是一个幸福的天堂，每一个鲜活的生命都是那么生机盎然，它们相依相伴，每天都尽情地享受着大自然的清新、生活的无穷乐趣，满足地生活在这一方小小的天地之中。

可是，在这之前的一段时间里，花园里的情形却不是这样，有一棵小橡树愁容满面。可怜的小家伙一直被一个问题困扰着，它不知道自己是谁。大家众说纷纭，更加让它困惑不已。苹果树认为它不够专心："如果你真的尽力了，一定会结出美丽的苹果，你还是需要更加努力。"小橡树听了它的话，心想：我已经很努力了，而且比你们想象的还要努力，可就是不行。想着想着，它就越发伤心。玫瑰说："别听它的，开出玫瑰花来才更容易，你看我多漂亮。"失望的小橡树看着娇嫩欲滴的玫瑰花，也想和它一样，但是它越想和别人一样，就越觉得自己失败。

一天，鸟中的智者雕来到了花园，看到可爱的小橡树在一旁闷闷不乐，便上前打听。听了小橡树的困惑后，它说："你的问题并不严重，地球上许多人面临着同样的问题。我来告诉你怎么办。你不要把生命浪费在去变成别人希望你成为的样子，你就是你自己，你永远无法变成别人，更没有必要变成别人的样子，你要试着了解你自己，做你自己。要想知道这一点，就要聆听自己内心的声音。”说完，雕就飞走了，留下小橡树独自思考。

小橡树自言自语道：“做我自己，了解我自己？倾听自己的内在声音？”突然，小橡树茅塞顿开，它闭上眼睛，敞开心扉，终于听到了自己内心的声音：“你永远都结不出苹果，因为你不是苹果树；你也不会每年春天都开花，因为你不是玫瑰。你是一棵橡树，你的命运就是要长得高大挺拔，给鸟儿们栖息，给游人们遮阴，创造美丽的环境。你有你的使命，去完成它吧！”

小橡树顿时觉得浑身上下充满了自信和力量，它开始为实现自己的目标而努力，很快它就长成了一棵大橡树，赢得了大家的尊重。这时，才真正实现了花园里每一个生命都快乐的愿望。

佛心道智

在外为生计奔波一天的你是否每晚都会回顾一下自己当日做的事；是否为了赢得领导夸奖而卖命工作或卑躬屈膝；是否为了得到客户而赔尽笑脸；是否为了爱人不生气而违心自责。是否已经失去“做自己”太久。这个世界上每个人都是唯一的，独一无二的。去模仿别人，去想太多的外在因素会让你永远直不起身子，心情快乐不起来。只有做回自我，体现出自己的风格，才会受到他人的尊敬。

20. 责任与爱同在

一个叫张拙的秀才来参访西堂禅师，问了一个问题：“山河大地，是确实存在的吗？还是根本不存在？三世诸佛，是确实存在的吗？还是根本不存在？"

西堂禅师毫不犹豫地回答说："确实存在。"

张拙不以为然地说："禅师恐怕错了吧？"

西堂平静地问："怎么说？你可曾参见过什么高人吗？"

张拙得意地说："我曾参见过径山禅师，问的是同样的问题，径山禅师说都不存在。"

西堂岔开了话题，问道："施主你有没有妻子家属？"

张拙说："有。有一个妻子，两个顽皮的儿子。"

西堂又问："径山禅师有几个家属？"

张拙笑道："禅师说笑了，当然是无。和尚哪里来的妻子家属呢？"

西堂也笑着说："如果你像径山禅师那样剃发当和尚，我也会告诉你山河大地、三世诸佛都不存在。"

张拙明白了其中的道理，俯首礼谢而去。

在特定的条件下，同一个问题从不同的角度来看，可以有不同的答案。和尚无牵无挂，自然可以一切皆空；凡夫有妻有子，则必须承担爱的责任。爱的责任不是一种负担，而是一种享受。

一位印度教徒，步行到喜马拉雅山的圣庙朝圣。路途非常遥远，山路非常难行，空气非常稀薄，他虽然携带很少的行李，但是沿途走来，还是觉得举步艰难，气喘吁吁。

教徒走走停停，不断向前遥望，希望目的地马上出现在眼前。这时就在上方，他看到一个小女孩，年龄不过十岁，背着一个胖胖的小孩，也正在缓缓向前移动。她喘气更厉害，也一直在流汗，可是双手还是紧紧呵护着背上的小孩。

印度教徒经过小女孩的身边，很同情地对小女孩说："我的孩子，你一定很疲倦，你背的小孩那么重。"

小女孩听了很不高兴地说："你背的是一个重量，但我背的不是一个重量，他是我弟弟。"

有了爱的人，就有了牵挂，有了责任，不要把这种责任当成一种沉重的包袱，而是当作一个快乐的源泉，这样，你的爱就会更加坚固。

佛心道智

即便是以超脱出世为宗旨的佛家也是倡导责任的，慈悲为怀是他们的责任，普度众生是他们的责任。我们处于凡尘，不光是为了追求享乐的，因为这些都是和责任共同存在、相辅相成的。责任与爱同在。没有爱，人类就无法繁衍，没有爱，人类文明就无法进步。面对爱，我们有责任，也有权利。享受爱的责任，做一个快乐的世人。

第三章

博爱与宽容，使我们的生命更有意义

佛语有云：“我不入地狱，谁入地狱。”在当今社会，虽不需要我们舍身饲鹰，却应懂得只有博爱与宽容才能使我们的生命更有意义。助人者自助，因果相报，终会惠及自身。虽不能得钱帛，却可以升华心灵，温暖人心。

1．助人为乐，与人为善

有一个乞丐，总是躲在寺庙的一个角落里静静地合掌念佛，然后就去乞讨。每当有人施舍的时候，他总是面露喜色，不停地说：“因缘！因缘！”即使不给，他也会说：“因缘！因缘！”小孩子用石头打他，他也只是说：“因缘！因缘！”因此，人们称他为“因缘乞丐”。

晚上，他没有住的地方，就在别人家的屋檐下过夜。

一个寒风刺骨的晚上，一个书生因为天黑没有看见他，竟在他头顶上小解。乞丐醒来，喃喃地说：“因缘！因缘！”

书生大吃一惊，不停地道歉，乞丐急忙说：“不敢当，不敢当，都怪我睡错地方，吓着了你，这也是你我的因缘。你向一个乞丐道歉，实在是让乞丐不安！”

书生被他深深地感动了，立刻向他许诺说：“只要我死在你的后面，我一定厚葬你！”

没过多久，因缘乞丐就在一家的屋檐下死去了。书生信守诺言，为乞丐举行了隆重的葬礼，然后将其火化。但是奇怪的事发生了，乞丐居然在火焰中获得了重生，他浑身散发着耀眼的金光，向书生说道：“感谢你将我的肉身超度，剩下的东西算是给你的补偿。”然后就消失了。

后来，书生在乞丐的骨灰中发现了几十颗水晶般透明的紫色舍利子。

助人为乐，与人为善往往就是这么简单。帮助别人一般不会让自己损失什么，恰恰相反，有时还会给自己带来意想不到的好运。

一个刮着北风的寒冷夜晚，路边一间简陋的旅店迎来一对上了年纪的客人，不幸的是，这间小旅店早就客满了。

“这已是我们寻找的第16家旅社了，这鬼天气，到处客满，我们怎么办呢？”这对老夫妻望着店外阴冷的夜晚发愁。

店里小伙计不忍心这对老年客人受冻，便建议说：“如果你们不嫌弃的话，今晚就住在我的床铺上吧，我自己打烊时在店堂打个地铺。”

老年夫妻非常感激，第二天照店价要付客房费，小伙计坚决拒绝了。临走时，老年夫妻开玩笑似的说：“你经营旅店的才能真够得上当一家五星级酒店的总经理。”

“那敢情好！起码收入多些，可以养活我的老母亲。”小伙计随口应和道，哈哈一笑。

没想到两年后的一天，小伙计收到一封寄自纽约的信，信中夹有一张来回纽约的双程机票，信中邀请他去拜访当年那对睡他床铺的老夫妻。

小伙计来到繁华的大都市纽约，老夫妻把小伙计引到第五大道与三十四街交汇处，指着那儿的一幢摩天大楼说：“这是一座专门为你兴建的五星级宾馆，现在我们正式邀请你来当总经理。”

年轻的小伙计因为一次举手之劳的助人行为，美梦成真。这就是著名的奥斯多利亚大饭店经理乔治·波菲特和他的恩人威廉先生一家的真实故事。

佛心道智

如果你帮助其他人获得他们需要的东西，你也因此而得到你自己想要的东西，那么你就拥有了快乐。你帮助的人越多，你得到的也越多。

2. 爱出者爱返，福往者福来

有一个小和尚怕麻烦师父，所以迟迟不敢再问问题。他对虚尘大师说：“师父，您知道吗？您给我的答案我又忘记了。我很想再次请教您，但想想我已经麻烦您许多次了，所以不敢再去打扰您！”

虚尘大师对他说：“你先去点燃一盏油灯。”小和尚照做了。

虚尘大师接着又说：“再多取几盏油灯来，用第一盏灯去点燃它们。”

小和尚也照着做了。

虚尘大师便对他说：“其他的灯都由第一盏灯点燃，第一盏灯的光芒有损失吗？”

“没有啊！”小和尚回答。

“所以，我也不会有丝毫损失的，欢迎你随时来找我。”

是的，有多少黑暗是我们自己造成的？一盏灯点燃另一盏灯，却无损自身的光芒。

让内心的阳光照亮别人，自己只会变得更明澈；把你的知识与别人分享，自己只会变得更通达。当我们乐意和他人分享我们所拥有的财富时，很多时候不但不会有损失，反而会产生更大的喜悦和满足。即使有一些小小的损失也无所谓，因为你的收获要比付出大得多。我们所说的“爱出者爱返，福往者福来”，就是这个道理。

战国时，齐国的孟尝君是一个以养士出名的相国。由于他待士十分真诚，感动了一个有真才实学而十分落魄的士人，名叫冯谖。冯谖在受到孟尝君的礼遇后，决心为他效力。一次孟尝君叫人为他到其封地薛邑讨债，问谁肯去，冯谖说："我愿去，但不知需用催讨回来的钱，买些什么东西？"孟尝君说："就买点我们家没有的东西吧！"

冯谖领命而去，到了薛邑后，他见到当地老百姓的生活十分穷困，而且大家对他的到来均啧有怨言。于是，他召集了邑中居民，对大家说："孟尝君知道大家生活困难，这次特意派我来告诉大家，以前的欠债一律作废，利息也不用偿还了。孟尝君叫我把债券也带来了，今天当着大伙的面，我把它烧毁，从今以后，再不催还！"说着，冯谖果真点起一把火，把债券都烧完了。薛邑的百姓没有料到孟尝君是如此仁义，个个感激涕零。

冯谖回来后，孟尝君问他："讨的利钱呢？"冯谖回答说："不但利钱没讨回，借债的债券也烧了。"孟尝君便很不高兴。冯谖对他说："您不是要叫我买家中没有的东西回来吗？我已经给您买回来了，这就是'义'。焚券市义，这对您收归民心是大有好处的啊！"

果然，数年后，孟尝君被人谮谗，齐相不保，只好回到自己的封地薛邑。薛邑的百姓听说恩公孟尝君回来了，全城出动，夹道欢迎，表示坚决拥护他，跟着他走。孟尝君至为感动，这时才体会到冯谖的"市义"苦心。这就叫"好与者，必多取"，小的损失有时可以换取大的利益。

佛心道智

父母是孩子的灯，老师是学生的灯，教练是运动员的灯，而爱使人们互相为对方的灯。我们点燃别人，其实自己也获得了更多的光明和温暖。佛家讲无私的奉献，点亮别人的灯，自己的反而更加明澈。"爱出者爱返，福往者福来。"有了付出才有回报，没有无回报的付出，也没有无付出的回报。

3. 助人即助己

怀德大师带着小和尚云游四方。

这天，师徒二人沿着一个山间小路往前走，感觉又困又累。突然，怀德大师发现前面有一个老人，背着一个看起来非常沉重的包袱在走。

怀德大师忙拉着徒弟赶过去说：“老人家，我们帮你拿一会儿东西吧！”然而，小和尚却不乐意，心想我们已经这么累了，师父还要硬充好人。心里虽这么想，小和尚却不敢违背师命，极不情愿地帮老人拿起包袱。

怀德大师和徒弟帮老人拿了一段距离的包袱，恰巧老人的儿子赶车来迎接自己的父亲，就让他们师徒搭上了顺路车。

小和尚的脸这才由阴转晴。

怀德大师开导他说：“有因才有果。帮助别人就是强大自己，帮助别人也就是帮助自己。比如你帮助别人提了东西，你耗费了自己的体力，耽误了自己的时间。但是，你现在就不用自己赶路了。”

最后，怀德大师说：“生活就像山谷回声，你付出什么，就得到什么；你耕种什么，就收获什么。做人应该保持一颗纯洁的赤子之心，行善济世、关心社会，而不只是一味独善其身，应随俗而不为外物所染。”

佛心道智

这个启示很明白。你帮助其他人获得他们需要的东西，你也因此而得到想要的东西，而且你帮助的人越多，你得到的也越多。帮助别人也就是帮助自己。

4. 爱的“借口”

小和尚问老和尚：“菩萨还杀生吗？”心中却在想：师父一定回答不杀，哪有菩萨破戒杀生之理！

不料老和尚郑重地回答：“杀！菩萨常常杀生，不知疲倦！”

“什么？”小和尚瞪大了眼睛，支起了耳朵，好像听到了天外之音，“菩萨怎么会杀生，还常常杀生呢？”

“为救度众生，为降妖除魔。”老和尚淡然地说。

“那么，菩萨岂不是犯了大戒吗？”小和尚不解地问。

“犯戒又不犯戒。”老和尚耐心地解释，“犯戒是因为有杀生之相，破了戒的形式；不犯戒是因为菩萨心中没有丝毫杀念，所以符合戒的精神。”

“那么，菩萨于杀生之时，心中当做何念呢？”小和尚好奇地问。

“菩萨杀生时，当做此念：救助被害众生使其免于水深火热，拯救害人恶魔使其免于万劫沉沦！”

“菩萨杀生，会入地狱吗？”小和尚追问。

“菩萨常入地狱。”老和尚答。

“为什么？”小和尚不解。

“菩萨救助众生永不休息，所以降妖除魔也永不停止，又怎能不常下地狱呢？”

“菩萨明知会下地狱，为什么还要杀生呢？”小和尚更是不解。

“这正是菩萨的精神所在。”老和尚庄严地说，“为救度众生，我不入地狱，谁入地狱！”

我们遇到事情总喜欢给自己找借口，比如上课迟到说是堵车，下班早退说是父母来了。这些都是反面的，然而正面的也有，菩萨入地狱就给了我们舍己助人的“借口”。相信下面这则真实的故事也会给你一个爱的“借口”。

1999年土耳其发生大地震后，许多房子都倒塌了，各国来的救援人员不断搜寻着可能的生还者。两天后，他们在缝隙中看到一幕不可置信的画面——

一位母亲用手撑地，背上顶着不知有多重的石块，一看到救援人员便拼命哭喊着：“快点救我的女儿，我已经撑了两天，我快撑不下去了……”

她七岁的小女儿，就躺在她用手撑起的安全空间里。

救援人员大惊，用力地搬移压在上面的石块，希望尽快解救这对母女，但是石块那么多、那么重，怎么也无法快速到达她们身边。

救援人员一边哭一边挖，辛苦的母亲一面苦撑等待着……

透过电视、透过报纸，土耳其人都心酸地掉下泪来。

更多的人，放下手边的工作投入救援行动。

救援行动从白天进行到深夜，终于，一名高大的救援人员够着了小女孩，将她拉出来，但是……她已气绝多时。

母亲急切地问：“我的女儿还活着吗？”

以为女儿还活着，是她苦撑两天的唯一理由和希望。

这名救援人员终于受不了了，放声大哭：“对，她还活着，我们现在要把她送到医院急救，然后也要把你送过去！”

他知道，如果母亲听到女儿已死去，必定失去求生意志，松手让土石压死自己，所以欺骗了她。母亲疲惫地笑了，随后，她也被救出送到医院，她的双手一度僵直无法弯曲。

隔天，土耳其报纸头条是一张她用手撑地的照片，标题——“这就是母爱”。

佛心道智

每当我们因为别人的事而感到厌烦的时候，就要想想那位用身体撑起千斤重担的母亲，还有那些为了救她而说出“善意的谎言”的救护人员。世间有如此的大爱，我们还有什么理由不好好活着呢？

5．平等待人

有个刺客受人十两银子之托，前去刺杀六祖慧能禅师。可是慧能禅师早就预见到这个人要来，于是在桌子上放了十两银子，然后静坐在那里，等待那个刺客。

慧能说道：“该来了吧？因果，毕竟躲不掉。”刚一说完，那个刺客便飞快地到了禅师面前，明亮的刀放在了他的脖子上。慧能禅师丝毫没有畏惧，反而把脖子向前一伸，说道：“桌上有纹银十两，请动手吧！”

刺客一怔，挥刀在慧能脖子上连砍三下，可是都像是砍在石头上一样，与刀锋接触的地方居然还有火花冒出。刺客被吓得瘫坐地上，刀也扔在了地上。

慧能合掌，悠悠地说：“正剑不行邪，邪剑不胜正，因果昭彰，分毫不误。银子你拿去，我的命还不能给你！”

刺客伏倒在慧能的脚下悔过，恳求禅师度他出家，以赎自己的罪过。慧能摆摆手：“你快走吧！不然徒弟们知道了，必定不能轻饶于你！你我另有因缘，以后你改头换面再来，我自会收留你。快走！”刺客只好揣了银子跃上屋檐逃遁了。

后来那个刺客剃发出家，千山万水走了很多的路来拜见慧能，慧能哈哈大笑："我就知道无论怎样你都会来的，我已经等你很长时间了！"

刺客羞愧地说："我因为心生惭愧，没有面目来见禅师，实在惭愧得很！"

慧能点点头说："修行可以减轻你的罪恶，因果昭彰，慎勿放逸！"

穷凶极恶的人也有善良的本性，只要用善来感化他，彰显他善良的一面，就能将一个坏人变成好人。然而，这种度化别人往往是要付出代价的，对于佛家来说，这种代价与度化一个人相比，不值一提。

有一天晚上，七里禅师在禅房里念经，突然闯进来一个强盗，他用尖刀威逼七里禅师，七里禅师却镇静地说："不要打扰我念经，你要钱，就在抽屉里放着。"然后又聚精会神地念经，不再理会他。

那个强盗正要把抽屉里的钱全部拿走，七里禅师说："你多少给我留一些，我有用。"

那个强盗感到很惊奇，又想这么容易就拿到了钱，于是就留了一些钱。就在他要走的时候，七里禅师说："拿了我的钱，至少应该说声谢谢呀！"

那个强盗于是开玩笑地说了声"谢谢"，然后就打开门，飞快地跑了。

可是才走没多远，他就被路过的官府的人抓住了，强盗对抢七里禅师的钱一事供认不讳。官府的人找到七里禅师，问他："这个人可曾抢劫你的财物？"

七里禅师说："没有呀！钱是我给他的，他已经谢过我了。"

官府的人没有办法，只好将强盗放了。强盗感激万分，拜倒在七里禅师脚下说："求禅师收我为徒。"

七里禅师看他诚心悔过，于是就收他为徒了。

当强盗用刀抵着七里禅师的时候，他用一种只有禅宗才会采用的方式，指点强盗"改邪归正"，这是七里禅师的本性。他认为，度人是他的责任，也是他的义务。

佛心道智

佛家舍己救人的逸事数不胜数，而现实生活中，这种“神话”缔造者却被我们称为“英雄”，因为我们这个社会太缺乏美德了。当我们所有人都把英雄当成平常人的时候，我们这个社会就进步了。

6．善待他人，也就是善待自己

民国初年军阀割据时代，一位高僧受大帅邀请赴宴。席间，却发现在满桌精致的素肴中，有一盘菜里竟然有一块猪肉，高僧的徒弟故意用筷子把肉翻出来，高僧却立刻用自己的筷子把肉掩盖起来。一会儿，徒弟又把猪肉翻出来，打算让大帅看到，高僧再度把肉遮盖起来，并且在徒弟的耳畔轻声说：“如果你再把肉翻出来，我就把它吃掉！”徒弟听到后就再也不敢把肉翻出来了。

宴席后高僧辞别了大帅。归寺途中，徒弟不解地问：“师父，刚才那厨子明明知道我们不吃荤的，为什么把猪肉放在素菜中？我当时只是要让大帅知道，处罚他而已。”

高僧说：“每个人都会犯错，无论是‘有心’或‘无心’。如果刚才大帅看见了猪肉，盛怒之下把厨师枪毙或严重惩罚，这都不是我所愿见的，所以我宁愿把肉吃下去。”

徒弟点着头，深深地体悟这个道理。

一个人与别人打交道，不是善待他人，就是不善待他人，没有其他的选择。两相比较，无论对自己、对别人，还是对社会，善待他人都是一种比较好的选择。善待他人能较好地推动人们相互之间的理解和合作，做成做好各种事情；能较好地促进人们同心协力营造一个良好的学习和生活环境，从而使每个人都感到温暖和快乐。

一天，旅行家希臣和一位朋友正穿越喜马拉雅山脉的某个山口。在跟一场暴风雪搏斗了将近3个小时之后，他们精疲力竭，又冷又饿，真想坐下来喘一口气。但他们不敢，因为一旦坐下去，他们很可能会变成两根冰棍，再也别想站起来了。他们只有靠不停地走动以保持体温。

在他们的冒险生涯中，虽然不是第一次面临生死威胁，但这一次的境遇显然比以往任何时候都要恶劣。两个人都在想，也许应该准备得更充分一点再到这个险恶的地方来；也许根本就不应该在这个该死的季节到这个天寒地冻、荒无人烟的鬼地方来。不过，现在想什么都晚了，他们只希望在最后一丝体力用尽之前能找到有人居住的地方。

忽然，他们看见雪地上躺着一个昏迷不醒的人，半个身子已被雪掩埋。此人显然是他们的同行，也跟他们一样不走运，被暴风雪打败了。希臣顿生恻隐之心，蹲下来一检查，发现这个人还活着，只是被冻晕了。如果将他带到温暖一点的地方，也许有救。希臣跟朋友商量，要不要设法带走这个倒霉的家伙？朋友惊叫起来："别干傻事，希臣！我们自身难保，带上一个累赘，我们都会丧命的。"

朋友的话确有道理，希臣不禁犹豫起来……

略一犹豫之后，希臣还是决定帮助这个半死不活的人。见死不救，对希臣来说是不可想象的。他叫朋友将此人扶在他背上，朋友冷冷地说："既然你执意要救他，那么好吧，这是你的事，跟我无关！"

说完，朋友独自一人向前走了。

希臣费了很大的劲，才把这个昏迷的人抱起来，放在自己背上，一步一步地往前走。这个人很重，尽管是在冰天雪地里，走不多久，希臣已浑身发热，他的体温使背上那个冻僵的躯体温暖起来，那人活过来了，没过多久，两人便并肩前进了。

当他们走到另一个山口时，希臣发现了他那位独自离去的朋友，正躺在雪地上，已经被冻死了。

帮助别人，不仅是一种善心的表达，同时对自己也大有好处。希臣因为救人而使自己充满了信心和勇气，而且在背人的过程中，也使自己浑身的血液沸腾起来，而他的那位朋友则因自私而被冻死。

佛心道智

古人云："邀千百人之欢，不如释一人之怨；希千百事之荣，不如免一事之丑。"与人为善，处处为他人着想的人，才堪称领悟了禅的真正境界。

7．活着就要做有用的事情

一天，听到寺院门口吵闹不休，玄素禅师前去询问。原来是一个屠夫想要进寺烧香拜佛，但是寺里的僧人嫌他满手血腥，不肯让他进殿，于是双方就在那里发生了争执。

玄素禅师看到了这个景象，立刻阻止了众僧人。他问道："何事在这里吵闹？"

旁边的僧人说道："这个屠户每天杀猪宰牛，双手沾满了血腥与罪孽，怎么能让他玷污了佛门清净！"旁边的人也附和道："每天晚上，他家里就会传来猪狗牛羊的哀叫声，听得人心烦，让人无法入睡，像他这样的人怎么可以到这里来呢？"

玄素禅师说道："你们这样说就不对了，他身为屠夫，为了生计被迫屠宰生灵，一定于心不安，有很多罪需要忏悔。佛门为十方善人而开，也为度化十方恶人而开。”

屠户满面感激，来到玄素禅师面前说：“方丈慈悲，我杀孽太重，于心不安，于是我想要请方丈和各位法师到我家里去，我准备在家里办斋供养各位，以安慰我不安的心。我们全家斋戒沐浴三日，恳请各位光临寒舍，助我完成这个心愿。”

众人听了他的话，纷纷满脸乌云，摇头不止。玄素禅师却用微笑化解了乌云，他说道：“在佛面前，人人平等，每个人都有同样的机会，只要与佛有缘，就可度他，佛门慈悲，不会舍弃任何人。”

佛家看来，众生平等，所以佛要度化一切人。众生平等的理念推广到世俗，就应该是众生都是亲人。只有把所有人都当作亲人，你才能用一颗博爱的心去关怀、去奉献，从而也让你自身有爱的环抱。

佛心道智

一旦你体悟到众生平等的真谛，你就会明白如何去爱一切人，如何去帮助一切人。而施与受其实是一个铜板的两面，它们是同一个宇宙活力的不同展现。到最后，你提供给这个世界的也正是你所回收的。当你帮助别人使其获得快乐之时，你会发觉自己也感到更加幸福和快乐。

8．甘为人梯，济世救人

从谂是唐代著名禅师，他认为：“金佛不度炉，木佛不度火，泥佛不度水，真佛内里坐。”意思是说：金佛通不过熔炉，木佛通不过火烧，泥佛通不过水洗，只有真佛在心里坐着。言外之意，就是说庙里供奉的用金、木、泥塑成的佛像均经不起水火的考验，只有自身修炼而悟得的真理，才是真正的心中之佛，才是永存的佛。

有一位久经沙场的将军很长时间到从谂禅师那里接受教诲，但却一直没有得道。

一日，将军去拜见从谂禅师，问："禅师，我死后会往升极乐还是入地狱？"

从谂禅师说："入地狱。"

将军又问："那禅师您呢？"

从谂禅师回答道："老僧最先下地狱！"

将军说："我是杀人无数，理所当然入地狱。禅师修行一生，为什么也入地狱呢？难道禅师一生白白修行了吗？"

从谂禅师当头棒喝道："我如果不下，又有谁来教化你？"

在佛家看来，地狱是阴森、冷酷、黑暗和充满恐怖的地方，地狱里的犯人饱受刑烙、鞭笞、饥饿、寒冷，酷热，说不尽的惶恐战栗，讲不完的哀愁痛苦，得不到外界的关心，受不到他人的同情，度日如年，更何况死了又生，生了又死，死死生生，没有穷尽。然而，无数佛家弟子却甘愿付出他们最大的爱心，要亲自到地狱里去，为的是要拯救那里的众生。

不但要进地狱，而且誓要度尽地狱里的众生。这种济世救人的精神，实在是太伟大、太难得了。可以说，"我不入地狱，谁入地狱"是旷古绝今、最伟大的一种德行，体现了佛家对芸芸众生的责任感，淋漓尽致地表达了佛家甘为人梯、济世救人的精神。

这不禁让人想起当年风靡全球的影片《少林寺》中的一个情节：老方丈为使少林僧众免遭杀戮，宝刹净地免染血污，甘愿置身火海却面不改色。

这种大无畏牺牲精神一直以来都是佛教信徒，乃至中华民族道德观中不可忽视的一部分。那些舍生取义者，总是能赢得人们无比的尊敬与爱戴，在一代又一代的传颂中被人铭记。

佛心道智

为了心中的理想，为了拯救他人，下地狱也不是可怕的事。这是大悟之人才有的胆魄和勇气。这种德行体现了佛家对芸芸众生的责任感，表达了佛家济世救人的精神，其崇高，其伟大，其牺牲忘我精神，是值得所有世人推崇、敬仰的。

9. 美德的含义

一个年轻人去拜访一位住在大山里的禅师，他们正在讨论关于美德的问题。这时候，一个强盗也找到了禅师，他跪在禅师面前说："禅师，我的罪过太大了，很多年来我一直寝食难安，难以摆脱心魔的困扰。所以我才来找你，请你为我涤清心灵。"

禅师对他说："你找我可能找错人了，我的罪孽可能比你的更深重。"

强盗说："我做过很多坏事。"

禅师说："我曾经做的坏事肯定比你还要多。"

强盗又说："我杀过很多人，闭上眼睛我就能看见他们的鲜血。"

禅师回答说："我也杀过很多人，我不用闭上眼睛就能看见他们的鲜血。"

强盗说："我做的一些事简直没人性。"

禅师回答："我都不敢想那些以前我做的没有人性的事。"

强盗听禅师这么说，就用一种鄙夷的眼神看了看禅师，说："既然你是这么一个人，为什么还在这里自称为禅师，还在这里骗人做什么！”于是他起身轻松地下山去了。

年轻人在旁边一直没有说话，等到那个强盗离去以后，满脸疑惑地向禅师问道：“你为什么要这样说？我很了解你是一个品德高尚的人，一生中从未杀生。你为什么要把自己说成是十恶不赦的坏人呢？难道你没有从那个强盗的眼中看到他已经对你失去信任了吗？”

禅师说道：“他的确已经不信任我了，但是你难道没有从他的眼睛中看到他如释重负的感觉吗？还有什么比这样更能让他弃恶从善的呢？”

年轻人激动地说：“我终于明白了什么叫作美德！”

远处传来那个强盗欢乐的叫喊声：“我以后再也不做坏人了！”这个声音响彻了整个山谷。

佛心道智

禅师的做法似乎有些“不择手段”之嫌。但他却在戒守佛家律令的前提下，令一个恶人一心向善。假如结局是好的，那么我们在不违反法律、不违背道德的基础上不要太计较形式、方法，即使有损自己的形象，但这与帮助他人迷途知返相比，实在不值一提。

10．自私的自了汉

黄檗禅师自幼便出家为僧，有一次他游天台山时，碰到一个举止不凡的和尚，两人一见如故，谈笑着同行。

他们走到一条小溪前面，正好刚刚下过一场大雨，溪水暴涨。黄檗禅师说："看来咱们只好绕道而行了。"和尚不以为然地回答道："哪里用得着那么麻烦？走过去就行了。"黄檗禅师疑惑地说道："老兄，溪水这么深，能走过去吗？"

那个和尚马上提起裤脚走进小溪。奇怪！汹涌的溪水奔腾着，可是就是到不了他的脚跟，他就好像在平地上行走一样自然。

和尚边走边回过头来，得意地说："来呀！来呀！走过来吧。"

黄檗站在原地大声叫骂道："哼！你这自私的小乘自了汉。"

那和尚被他的骂声所感动，感叹道："你真是位大乘之师，说实在的，我不如你啊！"说着，便消失了。

原来，佛教分大乘佛法和小乘佛法，小乘重在自己得道解脱，大乘重在帮助他人解脱，二者有明显的高下之分：纵然得道的小乘圣者也不及刚刚起心的大乘行者。自己未度，先能度人，这才是真正的菩萨心肠。

其实，在生活中，大乘就是帮助别人，不图回报。相信下面这则故事会让你更真实地领会到大乘的真意。

那是一个下雨的早晨，王娴送孩子到学校，然后顺路去了一家快餐店吃早餐。几张桌子上，乱七八糟地扔着没有收拾的狼藉纸杯、盒子和吃剩的法式炸薯条。

这时进来一位年轻妇女与一个五六岁的男孩，在他们点菜时又进来一个人，微驼着背，上衣很破烂。他缓慢地走向一张尚未收拾的桌子，对每只盒子都不肯放过，细心寻找残羹剩菜。

男孩看见那个人拿起一块法式炸薯条放进嘴里，就悄声对母亲耳语说："妈咪，那人吃别人剩下的东西！""哦，宝贝，他饿极了，又没有钱。"母亲压低声音回答儿子。

"我们给他买一个汉堡包，行吗？""我想，他可能只吃别人吃剩的东西。"当母子俩从服务员手上接过他们要的两袋外卖食品时，小男孩突然伸手从食品袋里拿出一个汉堡包，咬了一小口，然后跑到那人面前，把汉堡包放在他坐的桌子上。

这个乞丐先是一脸惊讶，接着满怀感激地看着男孩转身消失了。

佛心道智

“一个人吃饱，全家不饿。”这不仅是许多单身汉的想法，许多自私自利的人也是这样想。他们不心疼儿女，不关心妻子，不敬重老人，一切都以自我为中心，他们的胸怀还没有故事中的小男孩一半宽广。人生在世，只要能做一件无愧于心的好事，拯救一颗破碎的心，便算得上没有虚度此生；如果能减轻一个生命的痛苦，抚慰一处创伤，我们同样没有虚度此生。

11．救助苍生不为功利

很久以前，有一个国王名叫萨波达，他心地善良，为人慈悲，经常济困扶贫，行善积德。

天帝释知道后，十分担心。因为天帝释这个地位，并非终身制，无论是谁，只要坚持行善积德，修行到一定的程度，死后便能转生到天堂当天帝释。

天帝释害怕萨波达国王会来抢自己的帝位，就想试探一下他已修行到什么程度，到底想干什么。

于是，天帝释便找来手下的一个侍从，对他说：“下界的萨波达国王正在行善积德，名气很大，德行很深。他大概是想夺我的帝位！现在我变作老鹰，你变作鸽子，我追捕你，你就逃到萨波达国王那儿，向他求救。他既然心肠仁慈，就一定会救你，然后我去向他索求鸽子。他既然答应救你，就不能把你交给我，也许会买点肉来做交换，但我坚持不答应，他就会割自己的肉，来抵鸽子的命。到时候我要点小法术，叫他无论怎样割肉，哪怕把全身的肉都割下来总抵不过鸽子的重量，那他一定会后悔。这样，他以前行善积下的功德，就会完全作废，也就夺不走我的帝位了。”

于是，天帝释就变成一只体态雄壮的苍鹰，侍从变成一只可爱的小鸽子。苍鹰恶狠狠地扑向鸽子，鸽子慌慌张张地一边呼救，一边向远处逃去。

萨波达国王正在王宫处理政事，突然，听到空中传来呼救声，抬头一看，只见一只苍鹰正在追逐一只可怜的白鸽。

鸽子东躲西闪，实在无路可逃，便一头扑到萨波达国王脚下叫道：“大王，老鹰要吃我，请您救命！救命！”

萨波达国王安慰它说：“你别害怕，我一定救你。”

苍鹰随后扑了过来，立在宫殿前，对萨波达王国说：“这只鸽子，是我口中之食，现在逃到大王您这儿来了。请大王快把它还给我，我肚子饿极了。”

萨波达国王说：“我曾发誓要救度一切众生，更何况这只鸽子向我求救，我已经答应它了。人应当言而有信，我不能把这只鸽子交给你。”

苍鹰说：“大王！您说您要救度一切众生，但我今天如吃不到这只鸽子，就会饿死，难道我不是众生之一吗？难道您就眼睁睁地看着我饿死，不闻不问吗？”

萨波达国王说：“既然这样，那么我再拿些肉给你，你就别吃这只可怜的鸽子了。”

苍鹰说：“那也行，但您拿来的必须是刚割下来的新鲜热肉，否则我无法吃，还是会饿死的。”

听苍鹰这么说，萨波达国王心中暗感为难。他原想随便找点熟肉打发苍鹰了事，但没想到苍鹰只吃刚割的新鲜热肉。

萨波达王想：“到哪里去找刚割下的新鲜热肉呢？如果为此而宰杀其他动物，则我为了救一命，又害另一命，这样的事情不能做。”想来想去，他决定从自己身上割一块肉来喂苍鹰。

主意打定，萨波达国王便对苍鹰说：“既然你一定要吃刚割的热肉，那我就割一块肉给你吧！”

苍鹰见萨波达国王中了圈套，心中暗暗发笑，却一本正经地说：“大王！您能这样做，足见您道德高尚。不过，既然您要普度众生，就应当平等地对待一切，我虽然只是一只鸟，保证也不偏不倚。因此，只要您割下的肉，与刚才的那只鸽子一样重，那么，我就不再吃那只鸽子。”

萨波达国王说：“好吧！”便让侍者取来一具天平。

萨波达国王把鸽子放在天平的一端，然后忍着剧痛，手持利刃从自己左腿上割下一块大致相等的肉，放在天平的另一端。

由于天帝释施了法，天平放鸽子的那一端，低低地向下沉去，而放肉的一端却高高地翘起。

萨波达国王见状，连忙又割下一块肉，但天平两端仍不平衡。一次又一次，一块肉连着一块肉，一会儿萨波达国王两条腿上的肉全割完了，鲜血淋漓，流了一地。然而，天平上放肉的那一端，仍高高地翘着。萨波达国王无奈，只得继续割下自己胸脯、手臂上的肉，一段时间后，萨波达国王身上可割的肉几乎要割完了，天平还是不平衡。萨波达国王急了，挣扎着使出全身仅剩的一点力气，一下子扑到天平上，随即昏厥了过去。

这时，天地震动，天神们纷纷下凡，为萨波达国王的高尚行为而感动不已。

天帝释这时也恢复了原形，他唤醒萨波达国王，问道：“你做出这种一般人无法做到的善行到底是为了什么？是想当转轮圣王？还是想当天帝释？在这三界之中，究竟什么是你所追求的呢？”

萨波达国王用极其微弱而坚定的声音说：“对这三界中的一切，我一无所求，我只希望普度众生。”

天帝释又问：“今天你为了一只小鸽子割尽全身的肉，吃了这么多的苦，心里觉得后悔吗？”

萨波达国王说：“我一点也不后悔。”

天帝释这才明白，原来萨波达国王不是要抢他的位子，但心中总有那么一点不放心，又追问："你所说的全是真话吗？"

"当然全是真话。"

"有什么证据可以证明，你说的全是真话呢？"

萨波达国王挣扎着站起来指着天地发誓说："天在上、地在下，如果我刚才说了一句谎话，请惩罚我！如果我说的全是真话，请让我的身体平复如故！"

说也奇怪，萨波达国王的话音刚落，全身突然长出了新肉，与没割过之前一模一样，甚至连个伤疤刀痕也没留下。

天地诸神看到这种情形，个个合掌赞叹萨波达国王的高尚品德，为他恢复健康而欢喜雀跃。

佛心道智

救苦救难并不是要你付出生命的代价，这个佛家故事的寓意，是为了向世人昭示一种大慈大悲的宏愿和决心，表明一种彻底的牺牲精神——为了解救他人的痛苦，可以毫不犹豫地牺牲自己的一切。在现实生活中，我们不必倾己所有，但也要尽力而为。

12．白隐生子

白隐禅师品德高尚、严于自律，是众人眼中的道德楷模。

白隐禅师的禅院附近有一个非常美丽的女孩子，还没有出嫁，可是有一天突然怀孕了。女孩的父母知道后非常生气，特别是她的父亲简直暴跳如雷，认为家里出了这样伤风败俗的事情，丢尽了家族的脸面。于是他严厉地逼问女儿，孩子的生父是谁。

女孩知道闯下了滔天大祸，但是又不敢说出实情。万般无奈之下，她含着泪说出了白隐禅师的名字。女孩的父母听完先是大吃一惊，然后勃然大怒，怒气冲天地去找白隐禅师理论。

白隐禅师静静地听完对方激烈的谴责和恶毒的辱骂之后，并不辩解，只是轻轻地问了一句："噢，是这样的吗？"

这件事情像长了翅膀一样，马上四处传开了。大家都议论纷纷："真没想到他会是这样的人，我们平时还当他是道德楷模呢，原来竟然是个伪君子。"

不久，孩子出生了，女孩的父母理直气壮地把他送到了白隐禅师那里。禅师默默忍受着这一切，像一个真正的父亲那样细心地照料着这个弱小的生命。

一年过去了，年轻的妈妈心里实在忍受不了良心的责备，终于将事情的真相告诉了她的父母：孩子真正的父亲并不是白隐禅师，而是和她相恋的外村的一个年轻人。

女孩的父母得知真相后羞愧难当，觉得很对不起白隐禅师，立即去找白隐禅师，向他表示深深的歉意，请求他的宽恕，并决定将孩子领回去。

白隐禅师于是又把孩子送还给他们，说的还是那句话："噢，是这样的吗？"

佛心道智

在很多人看来，除了生命之外，人生最重要的就是名声。白隐禅师能不顾惜自己的名望来教化他人，是因为他明白：月亮被乌云遮住的时候，并没有走得更急，因为它知道乌云终会散尽。乌云散尽之后的月光，会更加皎洁明亮。

13. 重视自己的工作

有个小和尚埋怨生活太辛苦，觉得每天烧水、做饭、坐禅，琐碎的事太多。禅师就给他讲了这样一个故事：

有个人死后，去了阎罗殿。看到那里生活非常安逸，这个人心想：我活着的时候生活太辛苦了，现在我死了，终于可以享受了。每天除了吃饭睡觉，没有别的事情，也不用每天辛苦地工作了，这样的生活实在是太好了！这简直就是天堂！

然后，他向负责的人问道："这里是地狱吗？我实在难以想象地狱居然这样好！"负责的人说："没错，这里就是地狱！在这里你什么都不用做，好好享受吧！过一段时间你就知道什么才是真正的地狱了。"

这个人心想：怎么会呢！这里天天山珍海味，想吃什么就吃什么；还有舒适的床铺，想睡多久就睡多久，从来没有人管。早知道这样，我早就不活了，活着还不如死掉呢！

于是他就整天吃了睡、睡了吃，快乐得像个神仙。可是时间长了，他就觉得十分寂寞和空虚。于是他去找负责的人，说道："我每天除了吃饭就是睡觉，和猪有什么区别？我不想过这样的生活了，你还是给我找一份工作吧！辛苦点我也愿意。"

负责的人答道："这里从来就没有工作，想要什么只要一想，马上就能得到，只有工作不能得到！"那个人没有办法，只好回去了。又过了一段时间，他实在无法忍受这样的生活，又去找那个负责的人，说道："我不想在这里住了，这种生活实在是难以忍受，你还不如让我下地狱！"

负责的人说："我已经告诉过你了，这里本来就是地狱，你还以为这里是天堂呢，实在是太笨了！这才是真正的地狱。"

有时候付出不一定会有收获，帮助别人不一定会得到感谢，但是至少我们的内心是安宁的，因为我们尊重了自己，尊重了我们的承诺，尊重了我们的信誉，尊重了我们的善心，尊重了我们的美德。所以，无所事事其实是天底下最痛苦的事。

佛心道智

人生来就是要劳作的，劳作其实就是对这个世界的奉献，只有劳作才能实现你的价值，只有实现价值才能生活充实，也能对自己的生命负责。劳作在更深层的意义上来说，不是为别人，而是为自己。

14．出家的意义

无相禅师因口渴而四处寻找水源，看到不远处有一个青年在池塘里打水车，就向青年要了一杯水。

青年以一种羡慕的口吻说道："禅师，如果有一天我看破红尘，我一定会跟您一样出家学道。不过我出家后，不想跟您一样到处行脚、居无定所，我会找一个隐居的地方，好好参禅打坐，而不再抛头露面。"

无相禅师含笑问道："哦！那你什么时候会看破红尘呢？"

青年答道："我们这一带就数我最了解水车的性质了，全村的人都以此为主要水源。若找到一个能接替我照顾水车的人，没有责任的牵绊，我就可以出家寻找自己的出路了。"

无相禅师道："你最了解水车，如果水车全部浸在水里，或完全离开水面会怎么样呢？"

青年说道："水车是靠下半部置于水中，上半部逆流而转的原理来工作的。如果把水车全部浸在水里，不但无法转动，甚至会被急流中走；同样的，完全离开水面也不能车上水来。"

无相禅师道："水车与水流的关系可说明个人与世间的关系。如果一个人完全入世，纵身江湖，难免会被物欲红尘的潮流冲走。假如纯然出世，自命清高，不与世间来往，则人生必是漂浮无根。同样，一个修道的人，要出入得宜，既不抽身旁观，也不投身粉碎，才可得正果。"

佛心道智

"看破红尘"并不是"隐居打禅"这么简单的。"看破红尘"出家出世也不是为了让你"隐居打禅"。既然身处红尘，就要做好自己在尘世的一份本职。实现人生理想，为社会做出贡献，干有意义的事，才是人活一世的真谛。出家光看破红尘还是不够的，更要发广度众生的宏愿才好。出世与入世两者并立，这才是为人处世和出家学道的正确态度。

15. 善恶有报

从前有个人非常贫穷，无以自立，但志行高洁，从不做非法、非礼之事。但是，因为家里实在太穷，无法生活，他就去给一些商人当仆人。

有一次，这些商人带着这个穷人，一起入海采宝。他们采到不少宝贝便张帆返航，但是到半路不知怎么船停了下来，无论怎么划桨也无法让船前进半步。

所有商人全都惊恐万状，知道是因为采宝而得罪了海神，海神来惩罚他们了。于是连忙跪下祈祷，请海神放他们一条生路。而那个穷人，因为自己平生不做亏心事，所以没有参与他们的祈祷。

船之所以开不动，果然是因为海神作怪。海神有心想惩罚这些亵渎了自己的商人，但船上的这个穷人可是好人，不应该连累他，他想来想去，整整想了七天，终于想出一条妙计。

海神想："让我考验一下这些商人吧！如果他们经得起考验，我就饶恕他们；如果他们经不起考验，那我施行惩罚时，也不会连累了那个穷人。"

船在海上整整停了七天，一动也不能动，商人们都急坏了。

第七天夜里，一个商人做了个梦，梦见海神对他说：只要你们把船上的这个穷人送给我当牺牲品我就放你们走。

他醒来之后，把这个梦跟其他人一说，发现其他人也都做了同样的梦。

正当商人们秘密商议如何处置时，穷人知道了这件事。

穷人慨然说："好吧！就让我做牺牲品吧！不要因为我一个人，而连累你们大家。"

商人们一听穷人自愿牺牲，高兴极了，因为这样便少了许多麻烦。他们扎了个小木筏，在木筏上放了些水和粮食，让穷人上了木筏之后，就扬长而去。

海神见到这情况，便卷起一股大浪把商人们的船打翻，使他们个个葬身鱼腹；同时，又吹起一股顺风，把穷人的木筏直送到岸边。

穷人就这样安全地回到家乡，与妻儿团聚了。

俗话说，善有善报，恶有恶报，帮助别人其实就是帮助你自己。关于这样的故事，佛经中还有很多。

从前有个非常富有的人，名叫仙叹，他后来信了佛教，心想：世上的一切，都是变化不定的，连生命和财产也不是永远属于自己的，说不定什么时候就会失去。只有多做好事、积点功德，才是真正有好处的。

于是，仙叹马上贴出告示说：如果有人缺乏资财，请速来取，数量不限。

告示都贴出去几个月了，由于当时政通人和、国泰民安，谁也不需要他的钱。仙叹又想：看来大家并不需要钱，可是谁也免不了会闹头疼脑热的，还是买药给百姓治病为上策。

仙叹便四处采购弄来各种名贵药材，每天在市上免费供应病人。

仙叹的善心得到大家的称赞，没有多长时间，他的名声就传遍四方，大江南北的病人，都慕名前来接受治疗。

日复一日，年复一年，仙叹的财产渐渐地用尽了，但他仍然四处为病人采药、找药。有一天，他在离家一百多里采药的路上见到几辆牛车，车上都是患有各种疾病的人。

他忍不住问道："你们要到哪儿去呀？"

车上的人答道："我们要去仙叹那里，请他救命。"

仙叹立即同他们回去找到国王，向他借了500两黄金买了许多药给这些人治病。

经过仙叹的精心护理、医治，病人的病全慢慢好了。可是，仙叹却欠下大量的债，过着窘迫的日子。

当时，经常有一些商人为了赚钱，结伴下海去捞海底珍宝。

仙叹想碰碰运气，就跟着一伙商人出海寻宝去了。

众人辛辛苦苦地努力了许久，得到不少宝物，于是兴高采烈地返乡。一路上交通极为不便，又因天气干旱少水，每个人经过长途跋涉，都干渴难忍。

仙叹忽然发现路边有一口水井，就快步奔过去，开怀畅饮起来。

那些商人早已注意到，仙叹采集的海中宝物里，有一颗灿烂夺目的大白珍珠，是世上稀有的宝贝，他们心里又羡慕又嫉妒，总希望自己也能得到。众人一看，仙叹在井边弯腰喝水是个天赐良机，便拥上前，将仙叹推到了井里。

由于仙叹做了那么多好事，他的善行感动了菩萨，菩萨在这危险的时刻，在井底接住了他，使他安然无恙，连皮都没有擦破。

那些商人回国后，去见国王。

国王问道："你们都回来了，那仙叹到哪儿去了？"

商人们装作什么都不知道的样子，对国王说："大王！我们也不知道。自从离开国境之后，他就与我们大家分手了，不知道他去了哪里。"

国王不相信，又问："说实话，是不是你们把他害死了？"

商人们赶忙否认道："不！不！绝没有这样的事！"

仙叹被菩萨托住后，发现井壁上有个洞，正好能容他钻过去。他顺着洞走，不一会儿就见到亮光，从另一个洞口走出了水井。又经过七天的跋涉，仙叹终于回到自己的国家。

国王见到他，问道："商人们都满载而归，你下海采宝怎么却两手空空地回来了？"

仙叹含糊地说："我没有发现任何宝物，只得空手而归。"

国王对他的话起了疑心，沉思着：这当中必有缘故。

随即国王叫人把那些商人都找了来命令道："你们必须从实招来才有活路，否则只有一死。"

商人们被吓坏了，便老老实实地招了供。

国王听说他们在归途中把仙叹给谋害了，十分生气，便下令把他们统统关进监牢，要将他们定罪。

仙叹闻讯后，焦虑万分，急忙来到王宫，叩头请罪。

国王说："你没有罪！他们的罪已定，是不可改变的。"

仙叹再三请求道："国王陛下，请无论如何原谅他们的愚昧无知吧！"

国王经仙叹再三请求，便答应了他，赦免了商人们的罪过，命令他们归还从仙叹那里夺走的宝物。

商人们感激涕零，都拣自己最好的宝物送给仙叹。仙叹只取了其中的一半。

商人们一看，又恳求道："承蒙您的善心，我们才保全了性命！您救了我们大家，这些小意思，请您一定要收下。”

仙叹只好收下那些宝物，用这些钱还清了国王的债，又施舍给老百姓。众人皆交口称赞，无不佩服仙叹的崇高品德。

佛心道智

善恶有报。善良的人即使遇到困难，也总会有人出手相助；邪恶的人即使机关算尽，也最终会得到报应。佛家的智慧很多时候就是一种舍己的智慧，这种舍己是以他人之乐为乐，以他人之苦为苦，完全抛开了个人的私利和小我的局限。我们的道德修养有限，自然无法达到佛的境界，但它至少应该是我们努力的目标，应该是我们追求的境界。

16. 此时无声胜有声

仙崖禅师有很多弟子，其中有一个弟子不认真参禅打坐、领悟禅理，而是经常趁晚上的时间，偷偷爬过院墙到外面去游玩。仙崖禅师对此事一无所知。

直到有一天晚上，仙崖禅师四处巡视，发现墙角有一张高脚凳子，才发现了这个秘密。

仙崖禅师没有惊动别人，只是顺手把凳子移开，自己站在凳子的地方，等候外出的人归来。

深夜，出外游玩的学僧口中哼着小调，兴冲冲地回来了。

像往常一样，学僧驾轻就熟地跳上围墙，踩在“凳子”上面进了禅院。不对！他觉得今天的“凳子”怎么这么软，还有些不稳呢？

回头一看，原来他刚才是踩着仙崖禅师的肩膀下来的！

学僧惊惶失措，不知如何是好。

然而，仙崖禅师好像什么事情也没有发生过一样，微笑着对学僧说道："夜深气重，别感冒了，赶快回去多穿一件衣服吧。"

事后，仙崖禅师对这件事情绝口不谈，整个禅院没有人知道。

但是奇怪的是，从此以后，全寺一百多位学僧都认真学禅，再也没有人偷偷出去游玩了。

这个小故事给我们的启迪很深：对于别人的错误，有时候严厉的斥责并不是最聪明的办法，此时无声胜有声，顺其自然也许会收到更好的效果。

而英国的温莎公爵除了有不爱江山爱美人的传奇外，还有许多鲜为人知的小故事。

有一次，英国王室为了招待印度当地居民的首领，在伦敦举行晚宴，其时还是"皇太子"的温莎公爵主持这次宴会。

宴会中，达官贵人们觥筹交错，相交甚欢，气氛融洽。可就在宴会结束时，出了这么一件事。

侍者为每一位客人端来了洗手盘，印度客人们看到那精巧的银制器皿里盛着亮晶晶的水，以为是喝的水呢，就端起来一饮而尽。作陪的英国贵族们目瞪口呆，不知如何是好，大家纷纷把目光投向了温莎公爵。

温莎公爵神色自若，一边与客人谈笑风生，一边也端起自己面前的洗手水，像客人那样"自然而得体"地一饮而尽。

接着，大家也纷纷效仿，本来要造成的难堪与尴尬顷刻释然，宴会取得了预期的成功，当然也就使英国国家的利益得到了进一步的保证。

佛心道智

在人际交往中照顾别人的面子，是礼节，也是风度；是教养，也是胸怀。虽然有时候看起来自己会吃一点小亏，但这与收获比起来，只是九牛一毛罢了。

17. 为他人“腾出一只手”

有兄弟三人，虽然没有出家，但是特别喜好参禅打坐，还曾经跟随佛光禅师学禅。后来，兄弟三人为了追求更高的悟境，一起相约出外行脚云游。

有一天，在日落时兄弟三人借宿于一个村庄，恰巧这户人家的男主人刚去世不久，妇人带了七个子女，生活非常艰难。

第二天一早，到了三兄弟该上路的时候，最小的弟弟突然对两位哥哥说：“两位哥哥继续参学去吧！我决定留在这里不走了。”

两位哥哥对弟弟的行为非常不满，认为他太没有志气了，出外参学，见到一个寡妇就动心想留下来，于是劝也懒得劝，拂袖而去。

这位寡妇要独自抚育七个年幼的孩子实在不容易，看到这位行者自愿留下来帮助她，当然求之不得。又看到三弟一表人才，妇人表示愿意以身相许。三弟没有直言拒绝，只是说：“你丈夫刚死不久，我们马上就结婚实在不好，你应该为丈夫守孝三年再谈婚事。”妇人一听，对三弟更加敬重。

三年后，妇人再次提出结婚的要求，三弟又道：“如果现在我和你结婚实在对不起你的丈夫，让我也为他守孝三年吧！”妇人觉得三弟说得在理，没有强求。

三年后，妇人又提出要结婚，三弟再度婉拒道：“为了我们将来更加幸福美满，无愧于心，我们共同为你的丈夫守孝三年再结婚吧！”

如此三年、三年再三年，岁月如梭，一晃九年就过去了，这一家的儿女都已长大。三弟看到他助人的心愿已完成，就向妇人说明自己矢志求佛的决心和当年留下来的初衷，然后与这一家人道别，独自踏上了继续求佛的漫漫长路。

有些人虽然对参禅悟道狠下功夫，但他们永远都参不透禅的真谛，因为他们缺乏一颗度人之心，只是一味地寻求自己的解脱。其实，帮助别人，很大程度上也是在帮助你自己。

陀思妥耶夫斯基二十多岁写了一个中篇小说《穷人》，学工程专业的他怯生生地把稿子投给《祖国纪事》编辑部。

编辑格利罗维奇和涅克拉索夫在这天傍晚时分开始看这篇稿子，他们看了十多页后，打算再看十多页，然后又打算再看十多页……一个人读累了，另一个人接着读，就这样一直到晨光微露。

他们再也无法抑制住激动的心情，顾不得休息，找到陀思妥耶夫斯基的住所，扑过去把他紧紧抱住并流出泪来。涅克拉索夫性格孤僻内向，此刻也无法掩饰自己的感情。他们告诉这个年轻人，这部作品是那么出色，让他不要放弃文学创作。

之后，格利罗维奇和涅克拉索夫又把《穷人》拿给著名文艺评论家别林斯基看，并叫喊着："新的果戈理出现了！"别林斯基开始不以为然，说："你们以为果戈理会像蘑菇一样长得那么快呀！"但他读完这部小说以后也激动得语无伦次，眼睛瞪着陌生的陀思妥耶夫斯基说："你写的是什么？你了解自己吗？"平静下来以后他对年轻人说："你会成为一个伟大的作家。"

陀思妥耶夫斯基做出了反应："我一定要无愧于这种赞扬。多么好的人！这是些了不起的人，我要勤奋，努力成为像他们那样高尚而有才华的人！"后来，陀思妥耶夫斯基写出了大量优秀的小说，成为俄国19世纪经典作家，被西方现代派奉为鼻祖。

格利罗维奇、涅克拉索夫、别林斯基因各自的成就赢得了人们的尊敬，但同样令人们尊敬的是，他们"腾出一只手"，托举一个陌生人的行动。而且从最初，他们就预料到这个年轻人的光芒将盖过自己，但圣洁的他们连想也没有想就伸出了自己的手。

"腾出一只手"给别人肯定会牺牲自己的利益，然而别林斯基他们却因陀思妥耶夫斯基的成功而使自己的人格举世皆知。然而“腾出一只手”给别人，重要的在于过程，而不在于结果；无论被托举者最后是否优秀，无论能否得到回报，都不影响爱的价值，这价值胜过万两黄金。

佛心道智

“腾出一只手”给卑微者——赞扬他们；“腾出一只手”给狂妄者——规劝他们；“腾出一只手”给忧伤者——安慰他们；“腾出一只手”给绝望者——点拨、鼓励他们……你腾出的也许只是一只手，被救助者获得的却是整个新生。

18．以博爱为职责，以助人为乐事

一休禅师的弟子足利将军请一休禅师到家里用茶，将自己珍藏的古董一件件拿出来展示，并不断地询问一休禅师的看法。一休禅师回答道：“太好了！我也有三件古董，一是盘古氏开天辟地的石块，二是历朝忠心大臣吃饭的饭碗，三是得道高僧用过的万年拐杖。如果你也一起收藏，必能增添你这些古董的光彩。”

足利将军高兴地说：“那太好了，谢谢禅师！要多少钱一件？”

一休禅师道：“不用谢，每件物品只要一千两银子。”

足利将军虽然心疼，可是觉得这三件古董价值很高，便花了三千两银子把它们买下，并叫侍队随一休禅师前去取回古董。

一休禅师回到寺中，对弟子说：“把在门口抵门的那块石头拿来，还有喂狗食的饭碗，以及花了十钱银子买的那根拐杖，给来人带回去吧。”

足利将军的侍从将这三件东西拿回去呈给主人，并说明其来处，足利将军非常生气地跑去找一休禅师理论。一休禅师和颜悦色地开示道："目前正是饥荒时候，平常人家三餐不继，将军怎么还有心思在欣赏古董？所以我将你的三千两银子拿去救济贫民，替你做功德，其价值会让你终身受用不尽，比古董可宝贵多了。"

足利将军听了，除惭愧外，更深深佩服一休禅师的智能与慈悲。

当我们表达爱心的时候，别人会看着我们，甚至把我们当作学习的榜样。有了这样的信念，平常人身上也会迸发出闪耀的光芒！

南丁格尔舍弃了财富和舒适的生活，去追寻她心中"大我"的需求。她被一种要去照顾千千万万个人的使命所驱使，要去分担他们在她身边死亡的时候，所经受的绝望的情绪和恐惧。最后，她成为我们今天所熟悉、敬仰的"白衣天使"之母。

甘地将一生完全投入追求自由之中。他的不流血革命的理论和实践，终于使英国殖民地下的印度人摆脱了帝国主义的束缚。当他一再被要求写下自己的生平回忆时，他做出了一句最有个性的答复："我的生平就是我想要传达的信息。"

这些把个人力量化为爱的历史典范，把帮助别人作为乐事的导师们，都可以帮助我们辨认、欣赏那些在日常生活中，以博爱为职责的高尚性格，可能也包含我们自己。

帮助别人，很多时候并不需要什么惊天动地的大举动，也不需要你倾家荡产，而只需要你在生活中看到一个弱小的生命时伸出一只温暖的手拉上一把，只需要你给冷得不行的人披上一件棉衣……如果每个人都有这份助人的爱心，我们的世界就变成了真正的天堂。

佛心道智

禅不是只供人谈论的哲学和理论，禅是艺术的生活，禅是超越的本心，禅是一种广博的爱心善念。每一个人，对于自己所碰到的人，都有爱和被爱的相互责任，爱他就是帮助他。我们为他们树立怎样的爱的榜样，将会对他们如何去爱别人产生重大的影响。

19．既曰一切，何有除外

有一个富人，请无相禅师到家里来，为他的亡妻诵经超度。富人问道："禅师，您认为我的太太能从这次佛事中得到利益吗？"

无相禅师照实说道："当然！佛法如慈航普度，如日光普照，不止你的太太可以得到利益，一切有情众生无不得益。"

富人不满意道："可是我的太太是非常娇弱的，其他众生也许会占她便宜，把她的功德夺去。能否请您只单单为她诵经超度就好，不要管其他的众生。"

无相禅师慨叹富人的自私，但仍慈悲地开导道："回转自己的功德以趋向他人，使每一众生均沾法益，是个很讨巧的修持法门。'回向'有回事向理、回因向果、回小向大的内容，就如一光不是照耀一人，一光可以照耀大众，就如天上太阳一个，万物皆蒙照耀，一粒种子可以生长万千果实。你应该用你点燃的这一根蜡烛，去引燃千千万万支的蜡烛，不仅光亮增加百千万倍，本身的这支蜡烛，并不因而减少亮光。如果人人都能抱有如此观念，则我们微小的自身，常会因千千万万人的回向，而蒙受很多的功德，何乐而不为呢？故我们佛教徒应该平等看待一切众生！"

富人仍是顽固地说道："这个教义很好，但还是要请禅师破个例。我有一位邻居老赵，他欺我、害我，能把他除去在一切有情众生之外就好了。"

无相禅师以严厉的口吻说道："既曰一切，何有除外？"

富人茫然，若有所思。

给他人一缕阳光，不仅要给你的亲人，还要给你的敌人；不仅要给你的熟人，还要给陌生人。下面这个小故事，读完之后你会发现帮助别人的意义。

一个在越南打仗的美国士兵，有一天打电话给他的父母，告诉他们自己快退伍回家了。父母当然非常高兴，在电话中表示希望他回家越快越好。士兵又告诉父母，他有一个战友也要和他一起回家，父母当然表示欢迎。同时，士兵告诉他父母，这位战友在战争中失掉了一条腿和一只手臂，而且要和他们一起住。士兵的爸爸一听就告诉士兵，这绝不可以。他说只剩下一条腿和一只手臂的人，将造成家人的沉重负担，他不欢迎这种残疾的人和他们长住，他建议这位残疾的战友自己设法解决自己的生活问题。士兵听了这些话之后就挂了电话。几天后，警察通知这两位父母，他们的孩子自杀了。这两位父母去认尸，令他们大为震惊的是：他们的孩子只有一条腿和一只手臂。

佛心道智

私心毁掉的也许不是别人，而常常是自己。人生在世，总会有一些私心，这些私心阻碍着我们去帮助别人。所以，我们学佛参禅的目的就是将这些私心换成博爱之心，以普度众生来救助自己！

20．救雉割耳

智舜禅师，唐代人，一直在外行脚参禅。有一天，他走累了，在山上的树林中打坐歇息。突然一只野鸡仓皇地向他飞来，浑身血迹斑斑，翅膀上带着一支箭。野鸡逃到禅师面前，禅师以衣袖掩护着这只虎口逃生的小生命。随即一个猎人气喘吁吁地追赶过来，猎人向禅师索讨野鸡："大师，请将我射中的野鸡还给我！"

禅师带着耐性，无限慈悲地开导着猎人："它也是一条生命，放过它吧！"

猎人不同意，反驳道："我又不是和尚，才不讲什么生命不生命的。你要知道，我们一家大小好久没有吃肉了，那只野鸡可是我们的一盘美味哩！"

猎人坚持要得到那只野鸡，禅师最后没有办法，拿起行脚时防身的戒刀，把自己的两只耳朵割下来，送给固执的猎人，说道："这两只耳朵，够不够抵你的野鸡？分量虽然少了点，味道应该不错。你就拿回去尝一尝吧！"

猎人大吃一惊，终于觉悟到自己的残忍，羞愧地走了。

帮助别人不求时、不求地，在任何情况下都要具备一颗助人之心，哪怕被你救助的人在世俗眼里微不足道，也要竭尽全力。

一个小女孩因为长得又矮又瘦被老师排除在合唱团外，而且，她总是穿着一件又灰又旧又不合身的衣服。

女孩躲在公园里伤心地流泪。她想：我为什么不能去唱歌呢？难道我真的唱得很难听？

想着想着，小女孩就低声地唱了起来，她唱了一支又一支歌，直到唱累了为止。

"唱得真好！"这时，一个声音响起来，"谢谢你，小姑娘，你让我度过了一个愉快的下午。"

小女孩惊呆了！

说话的是个满头白发的老人，他说完就走了。

小女孩第二天再去时，那老人还坐在原来的位置上，满脸慈祥地看着她微笑。

于是小女孩唱起来，老人聚精会神地听着，一副陶醉其中的表情。最后他大声喝彩，说："谢谢你，小姑娘，你唱得太棒了！"说完，他仍独自走了。

这样过去了许多年，小女孩长大成人，长得美丽窈窕，是本城有名的歌手。但她忘不了公园靠椅上那个慈祥的老人。于是她特意回公园找老人，但那儿只有一张小小的孤独的靠椅。她后来才知道，老人早就死了。

“他都聋了20多年了。”一个知情人告诉她。

佛心道智

割耳救雉的行为也只有集大成的佛教僧人能做得出来。我们帮助、救护他人并不一定要伤及自己的身体。但在公共场合少抽一支烟，小一点声音讲话，少一句斥责，多说对不起、谢谢，多一点赞美，都会让他人多一份自信、多一份生活的勇气。我们每个人不妨以此自勉，在别人有困难时，多替对方想想，不要只考虑自己。

第四章

禅的幽默与智慧

禅悟人生，虽然佛道皆已超脱红尘，出家离俗，但冷眼旁观芸芸众生，反倒能够体现人生百味，众生百态。故而世俗中人若有疑心、执念，便好问禅。得道禅师的禅语往往幽默风趣，却暗含真知灼见，一旦听者顿悟，不由会心一笑。

1. 一代奇人，实为草包

慧忠禅师是六祖慧能大师的弟子，修行四十年，声名远播，唐玄宗、肃宗、代宗好几代皇帝都曾请他进宫说法，被尊为“国师”。

有一天，代宗带来一个自号“太白山人”的出家人，说这个人很清高、博学，自称“一代奇人”；代宗将信将疑，想让慧忠国师验一验真假。

慧忠国师看了看太白山人，问道：“既然是奇人，请问你有什么特长？”

太白山人：“我会识山、识地，天文地理、作文认字无所不通，另外，我还擅长算命。”

慧忠国师：“请问山人，你所住的太白山是雄山呢，还是雌山？”

太白山人瞠目结舌，不知所对。

慧忠国师又指了指地，问道：“请问这是什么地方？”

太白山人这次学乖了，含糊道：“这要算一算才可知道。”

慧忠国师在地上写了个“一”字，问道：“这是什么字？”

太白山人马上答道：“一，这谁不认识！”

慧忠国师不以为然地纠正道：“错了！土上加一，应该是‘王’字，怎么会是一字呢？”

慧忠国师接着问道：“我再请问你，三七等于多少？”

太白山人：“三七是二十一，这谁不知道！”

慧忠国师：“我说了是乘法吗？三和七加起来是十，怎么一定是二十一呢？”

太白山人涨红了脸，灰溜溜地告辞了。

代宗又佩服又高兴地说道：“我的皇位不是宝贝，国师，你才是真正的宝贝呀！”

佛心道智

自命不凡，胡乱吹嘘的大多是骗子。算命永远都是低级封建迷信，自称奇人、自命清高，其实也就是一个草包！

2. 二>一

在中国佛教史上，道教的道士和佛教的出家法师，时常辩论、斗法。

有一个道士向法印禅师说道：“你们佛教怎么样也比不上我们的道教。佛教最高的境界是‘一心’，是‘一乘’，是‘一真法界’‘一佛一如来’，也是‘一’；而我们道教讲什么东西都是‘二’，比方‘乾坤’‘阴阳’，这都是‘二’。可以说，‘二’胜过你们的‘一’，‘二’要比你们的‘一’高明。”

法印禅师听后，像是不解地问道：“真的吗？你们的‘二’真能胜过‘一’吗？”

道士：“只要你说‘一’，我就能对‘二’，一定能胜过你们。”

法印禅师跷起了一条腿来，慢慢地说道：“我现在跷起了一条腿，你能把两条腿都跷起来吗？”

道士哑口无言了！

佛心道智

世界上任何的事情都不可能是绝对的。凡事都有另一面，都有例外。

3. 都不是

那先和尚精通禅理，心思灵巧，言语生动活泼、通俗易懂，弥兰陀王非常尊敬他。

有一天，弥兰陀王故意问那先和尚："你的眼睛、耳朵、鼻子和舌头都是你吗？"

那先和尚笑了笑，回答道："都不是。"

弥兰陀王追问道："那么，真正的你是什么呢？就是你的身体，或者你的'意'？"

那先和尚仍然摇了摇头，笑答道："不是，也都不是。"

弥兰陀王不解道："那么，你在哪里呢？"

那先和尚不慌不忙地微笑着反问道："房子是由窗子、门、砖、瓦、床、椅子和梁柱构成的，那么，窗子是房子吗？"

弥兰陀王愣了一下，回答说："不是。"

"门是房子吗？"

"不是。"

"砖、瓦、床、椅子和梁柱是房子吗？"

"都不是。"

那先和尚这才慢悠悠地问道："那么房子在哪里呢？"

弥兰陀王恍然大悟。

佛心道智

看来那先和尚不仅修行有道，而且深懂哲学理论，“整体是由局部构成的，可是局部不是整体呀”。难怪弥兰陀王如此尊敬他，那先和尚果然有过人之处啊！

4．使用月光

有一年中秋之夜，景岑禅师和仰山禅师一起赏月。

仰山禅师：“皓月属于大家，只因无明，不能充分使用。”

景岑禅师不以为然：“既然属于大家，怎么会没有人使用？机缘会合，这大好明月，正在等人使用呢！”

仰山禅师：“使用月光？确实有趣，那么请你先示范一下吧！”

景岑禅师毫不迟疑，奋力跳起来，一脚向仰山禅师踢去。

仰山禅师不但不生气，反而哈哈大笑，赞叹道：“真像大虫！（老虎）”

后来大家都称景岑禅师为“岑大虫”，即“虎和尚”。

佛心道智

存在即合理，月光可以为夜行人照明，可以陶冶我们的情操。多少流芳千古的传世佳作都是挥毫泼墨于月下，借明月寄托胸怀。即使是景岑禅师对仰山禅师的奋起一脚，也是借用月光照明啊！

5．禅师的心境

唐朝时，有一位懒瓒禅师隐居在南岳的一个山洞中，曾写了一首诗，表达他的心境：

世事悠悠，不如山丘，卧藤萝下，块石枕头；

不朝天子，岂羡王侯？生死无虑，更复何忧？

这首诗传到唐德宗的耳中，德宗心想：这首诗写得如此洒脱，作者一定也是一个洒脱飘逸的人物吧？应该见一见！于是就派大臣去迎请禅师。

大臣拿着圣旨东寻西问，总算找到了禅师所住的山洞，正好瞧见禅师在洞里生火做饭。大臣便在洞口大声呼叫道："圣旨驾到，赶快下跪接旨！"洞里的懒瓒禅师，却装聋作哑地毫不理睬。

大臣探头一瞧，只见禅师以牛粪生火，炉上烧的是地瓜，火越烧越炽，整个洞里洞外黑雾缭绕，熏得禅师涕泪纵横，侍卫忍不住叫道："喂！和尚，看你脏的！你的鼻涕流下来了，赶紧擦一擦吧！"

懒瓒禅师头也不回地答道："我才没有工夫为俗人擦拭鼻涕呢！"

懒瓒禅师说着，随即夹起炙热的地瓜，就往嘴里送，并连声赞道："好吃！好吃！"

大臣凑近一看，惊奇得目瞪口呆，因为懒瓒禅师吃的像地瓜一样的东西，根本不是地瓜，而是一块一块的石头！懒瓒禅师顺手捡了两块石头递给大臣，并说道："请趁热吃吧！世界都是由心产生的，所有东西都是源于认识。贫富贵贱，生熟软硬，你在心里把它看作一样的不就行了？"

大臣看不惯禅师这些奇异的举动，也听不懂那些深奥的佛法，不敢回答，只好赶回朝廷，添油加醋地把禅师的古怪和肮脏禀告皇上。德宗皇帝却并不生气，反而赞叹道：“我们国内有这样的禅师，真是我们大家的福气啊！”

佛心道智

世界都是由心产生的，所有的东西都是源于认识。贫富贵贱，生熟软硬，你在心里把它看作一样的不就行了？视皇帝宠召为魔，宝物的赏赐为累，反倒将石头当作美味的地瓜，懒瓒禅师的境界岂是一般人能达到的！

6．我姓秤

苏东坡喜欢参禅论道，而且对佛法自视甚高，有一次他听别人说荆南玉泉寺的承皓禅师禅风高峻，许多人和他对答都败下阵来。

苏东坡心里很不服气，因此微服求见，想要试一试承皓禅师的禅功到底如何。一见面，苏东坡就问：“听说禅师禅悟达到了很高的境界，请问禅悟到底是什么？”

承皓禅师并不回答，而是客气地反问道：“请问您尊姓大名？”

苏东坡开玩笑地道：“我姓秤，专门称天下的禅师到底有多少斤两！”

承皓禅师猛然大喝一声，说道：“请问这一喝有多重？”

苏东坡无以为对，礼拜而退。

佛心道智

苏东坡的参禅颇有些不懂装懂与卖弄之嫌。然而，小聪明遇到大智慧，也只有甘拜下风的份了。看来做人还是要谦虚，略一自大，就有露底气之险啊！

7．虚空可对你眨过眼

公元761年，唐肃宗邀请南阳慧忠禅师到京城，尊为国师。

有一次慧忠禅师讲法，肃宗非常感兴趣，亲临法场聆听，然后提了好几个问题。

但是，慧忠禅师却大模大样的，始终没有正眼看过肃宗一次。

肃宗龙颜大怒，责问道："我是大唐的天子，谁敢对我不敬？你居然不看我一眼？"

慧忠禅师平静地问："皇上看到过虚空吗？"

肃宗为了表明自己有佛性，答道："看到过。"

慧忠禅师反问："那么，请问陛下，虚空可曾对你眨过眼？"

肃宗无言以对，只好作罢。

佛心道智

肃宗在慧忠禅师面前也只不过是一个与他人无异的信徒，既与他人无异，何需特殊要求？慧忠禅师不是有意蔑视权威，而是在他心中，众生是真正平等的。

8．八风吹不动，一屁打过江

宋朝苏轼在江北瓜洲地方任职，和江南金山寺只隔着一条江，他和金山寺的住持佛印禅师经常谈禅论道。

有一天，苏轼觉得自己修禅大有进步，立即提笔赋诗一首，派遣书童送给佛印禅师看，诗云：

稽首天中天，毫光照大千；

八风吹不动，端坐紫金莲。

（注：“八风”在佛教里指的是“讥、毁、苦、乐”等八种影响人的情绪。）

佛印禅师看了诗后，拿起笔批了两个字，就叫书童带回去。

苏轼以为佛印禅师一定会赞赏自己修行参禅的境界，急忙打开佛印禅师的批示，一看，只见上面只有两个字：放屁。

苏轼气坏了，乘船过江找佛印禅师理论。没想到佛印禅师早站在江边等候了。

苏轼气呼呼地说：“禅师！我一直拿你当好朋友。我的修行，你不赞赏也就罢了，怎可骂人呢？”

佛印禅师若无其事地说：“我骂你什么了呀？”

苏东坡把诗上批的“放屁”两个字拿给佛印禅师看。

佛印禅师哈哈大笑：“哦！你不是说自己‘八风吹不动’吗？怎么就‘一屁打过江’了呢？”

苏东坡听了惭愧不已。

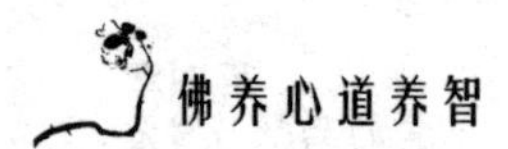

本来“八风吹不动”，何奈“一屁打过江”。狂妄自大本就不可取，再碰到个有智慧的对手，那就只有被对方揶揄、幽默的份了。

9．大千世界一禅床

有一次，苏东坡听说了赵州禅师迎接赵王的故事，心血来潮，也要去拜访佛印禅师，并且事先写信给佛印禅师，嘱咐佛印禅师要像赵州禅师迎接赵王一样，不必出来迎接。

苏东坡自以为了解禅的妙趣，佛印禅师会以最上乘的礼仪——不接而来接他。

出乎意料的是，苏东坡还在船上，就远远地看到佛印禅师已经带领弟子在岸边迎接了。苏东坡终于抓住取笑佛印禅师的机会，说道：“你的道行没有赵州禅师洒脱，我叫你不要来接我，你却免不了俗套，跑了大老远的路来迎接我。”

苏东坡以为这次搬出了赵州禅师，佛印禅师必居下风无疑。

佛印禅师哈哈一笑，回答了一首偈子：

赵州当日少谦光，不出山门迎赵王。

怎似金山无量相，大千世界一禅床。

意思是说：赵州不起床接见赵王，那是因为赵州不谦虚，而不是境界高，而我佛印出门来迎接你，你以为我真的起床了吗？虽然你看到我起床出来迎接你，事实上，大千世界都是我的禅床，我仍然躺在大千禅床上睡觉呢！你苏东坡所知道的只是肉眼所见的有形的床，而我佛印的床是尽虚空、遍法界的大床啊！

苏东坡这次又没有占到便宜，只好怏怏地回去了。

佛心道智

苏东坡又输了，看来他是和佛印禅师较上劲了，屡败屡战，只可惜佛印禅师不仅有大修行，也有大气量，苏东坡不战就已经败了。

10．鸟雀的灵性

一个信徒正在寺院拜佛，偶然抬头，发现一只鸟雀在佛像头上拉屎，然后“嗖”地飞出去了。

这个人眉头一皱，计上心来，想考一下禅师，于是问禅师：“鸟雀有没有佛性呢？”

禅师没有看见鸟雀，肯定地回答：“众生皆有佛性，鸟雀当然也有！”

信徒戏谑地问道：“鸟雀既然有佛性，为什么还在佛像头上拉屎呢？”

禅师机智地反问道：“那它为什么不在鹞子头上拉屎呢？”

佛心道智

存在即合理。在你看来是垃圾的东西，在别人看来也许就是珍宝。有句话说得好：“情人眼里出西施。”自己喜欢就好，何必太过在乎他人的眼光。

11．痰该吐在哪里

有一次，有位禅师在佛殿里跟大家一起念经诵早课，忽然咳嗽了一声，一口痰涌出来，脱口而出，吐在身边的佛像上。管理的纠察师看到以后就责骂他道："岂有此理！怎么可以把痰吐在佛身上呢？这是对佛的大不敬，罚你挑水做饭十天！"

这位吐痰的禅师又咳嗽了一下，对纠察师说："好吧，是我的不对。但是我现在还要再吐痰，请您告诉我，我应该吐在哪里才算对？佛经上说'佛性遍满虚空，法身充塞宇宙'，哪里没有佛？哪个地方佛不存在？"

纠察师转怒为喜，高兴地夸奖了这个禅师，处罚当然也取消了。

佛心道智

看来，禅不但能够帮助自己去除烦恼，还能够帮助自己摆脱困境、逃避惩罚，真是无所不能呀！禅师的率性还告诉我们一个道理：学佛要学精髓，到达一定程度后，表象就可以被彻底剔除了。

12．逞强的代价

一天，黄檗带领弟子们去种菜，每个人都带着一把锄头。唯独临济手里什么也没有，黄檗问道："你的锄头哪儿去了？"

临济说：“被别人拿走了。”

黄檗说：“你过来，我跟你商量个事儿。”

临济走到黄檗身边，黄檗提起自己的锄头说：“这东西除了我，任何人都提不起来。”

临济立即伸手夺过锄头，提起来说：“为什么在我手里？”

黄檗轻松地笑道：“我的锄头也被拿走了。好啦，你干活去吧。”

黄檗安心地回到寺中，因为他知道有人接他的班了。

佛心道智

禅的智慧往往就在生活的一呼一吸、一举一动之间。所谓“螳螂捕蝉，黄雀在后”，想偷小懒也得碰对人和时候，遇到黄檗禅师这样的，临济禅师也只能束手就擒了。

13．就是这个

一个女尼恭敬地问赵州禅师：“大师，请问佛法最秘密的意旨是什么？”

赵州禅师随手掐了她一下，说：“就是这个。”

女尼很生气，质问道：“你是高僧吗？没想到你心中还有这个。”

赵州禅师平静地说：“不！是你心中还有这个。”

佛心道智

心中若有，即使没有那也是有；心中若无，即使有那也是没有。赵州禅师的一片好心，被人当成了不恭之举，赵州禅师实在冤枉，女尼实在愚蠢，是为“朽木不可雕也”。

14．本源佛性

一天，慧能向众人说："我有一个东西，没有头也没有尾，没有名也没有字，没有背也没有面，你们大家知道是什么东西吗？"

众人都不知如何作答，只有荷泽神会答道："这是诸佛的本源，我的佛性。"

慧能不但不表扬，反而说道："告诉你无名无字，你偏要叫它本源佛性。你也只能做一个注解佛法的和尚。"

佛心道智

学习的时候要善于思考。按部就班，自以为是，贻笑大方是小，东西学不到自己脑袋里是大。只知道回答，不明白事理，答了也白答。

15．比哭还厉害

仰山慧寂禅师还是一个无名小和尚的时候，曾经在韶州乳源和尚那里修行。

这个小和尚有一个习惯，就是每次念经的时候声音总是很洪亮，隔着很远都能听得清清楚楚。

有一天，仰山又大声朗诵佛经，乳源和尚在远处种菜，觉得打扰了自己，于是生气地走过来呵斥道：“你这小和尚！念经就念经，这么大声干什么？不知道的，还以为你被我欺负了在哭呢。”

仰山仰起脸无辜地回答道：“你说我念经好像哭，那你是怎么念经的？可以示范一下吗？”

乳源和尚没有想到小和尚会顶嘴，回过头用眼睛瞪着他。

仰山大声反问道：“如果是这样，和哭有什么不同呢？恐怕比哭还厉害吧？”

从此，对仰山念经的声音，乳源和尚只好任其自然。

佛心道智

这世界上每个人都有自己的个性和生活方式，不要试图用自己的标准去强迫别人改变。如果别人真的触犯了你的利益，那你也得要有本事解决，不然只会让人觉得你心胸狭窄，自讨没趣。

16. 四大五蕴

有一天，佛印禅师登坛说法，苏东坡听到消息，赶来参加。没想到大殿里的座位已经坐满了人，一个空位置也找不到了。佛印禅师对苏东坡实话实说：“你看，人都坐满了，这里没有学士坐的地方了，你就改日再来吧。”

苏东坡一向喜欢禅，也喜欢开玩笑，马上针锋相对，回答佛印禅师说："既然这里没有我的坐处，我就以禅师的四大五蕴之身为座。"意思是说：那我就坐在佛印禅师的身上吧！

佛印禅师看到苏东坡与他论禅，微微一笑，答道："学士想坐我身上，这有何难？不过我有一个问题问你，如果你回答得出来，我老和尚的身体就当你的座位。如果你回答不出来，那么你身上的玉带就要留在本寺，作为纪念。"

苏东坡一向自命不凡，以为准胜无疑，便满口答应了。

佛印禅师就说："你应该知道，四大本空，五蕴非有，请问学士要坐哪里呢？"意思是说：在佛教中，"四大"和"五蕴"都是虚空不实的，哪有你坐的地方呢？

苏东坡语塞，只好当众解下了身上的玉带。这条玉带，据说至今还存留在杭州金山寺里呢！

佛心道智

失了玉带事小，丢了面子事大，一知半解却非要一争高下，所谓："一瓶子不满，半瓶子晃荡。"苏东坡这个佛教的"业余爱好者"也只能输给"专业工作者"了。

17．不像人，像佛

坦山禅师和云升禅师同时学道参禅，两人性格迥异，师兄坦山放浪不拘，烟酒不戒，为人所耻；师弟云升庄重严肃，弘扬佛法，深受信徒的尊敬。

一天，云升经过坦山门前，坦山正在喝酒，还叫道："师弟！来喝一杯吧。”

云升禅师不屑地讥嘲道：“烟酒不戒，修道还能指望有什么出息呢。”

坦山微笑道：“哪管得了那么多？来一杯如何？”

云升边走边推辞道：“我不会喝酒。”

坦山不高兴地说：“连酒都不会喝，真不像个人！”

云升听后，大怒道：“自己放浪形骸，还敢骂人？”

坦山不解似的问道：“我怎么骂人啦？”

云升：“你说我不像人，还不是骂我吗？”

坦山：“你的确不像人！”

云升：“我怎么不像人？你说！”

坦山：“我说你不像人，就是不像人！”

云升：“好！你骂！我不像人像什么？你说！你说！”

坦山：“你像佛！”

云升听后，哑然不知如何。

佛心道智

“秀才遇到兵，有理说不清。”云升庄重严肃，正统而受人愚弄。坦山豪放不羁，看似不守戒律，其实佛早已在心中，表象已经不重要了。

18．生得洒脱，死得幽默

隐峰，俗姓邓，福建人。开始在马祖道一那里学习，后来曾拜石头希迁为师，最后又折回马祖道一那里学习。

一天，隐峰推着一车土经过马祖，马祖伸脚挡住去路。

隐峰对马祖说："请把脚收起来。"

马祖说："已展不收。"

隐峰毫不示弱地说："已进不退。"

说完就推着车子从马祖脚上碾了过去。

被碾伤了脚的马祖回法堂后，提着板斧对弟子们说："刚才碾伤老僧脚的人，给我出来！"

隐峰走到大师跟前，伸长脖子，等他下手。

马大师却放下了斧头。

隐峰逝世之前，对众和尚说："各方禅师逝世时，有坐着的有躺着的，这我都见过；你们说说，有没有站着去世的呢？"

其中一人回答："也有。"

隐峰说："那么，有没有倒立着去世的呢？"

众僧异口同声地回答："没见过。"

于是，隐峰就倒立而亡。

佛心道智

不惧权威，生得洒脱；惊世骇俗，死得幽默。佛教高僧哪一个没有动人之举，正因为另类，所以才不凡。

19. 须弥藏芥子，芥子纳须弥

唐朝江州刺史李渤向智常禅师请教道："佛经上说'须弥藏芥子'，须弥山上有芥菜种子这样的微小事物，这是当然的；然而说到'芥子纳须弥’，怎么理解呢？芥菜种子里面怎么可能藏有须弥山呢？我百思不得其解。”

智常禅师不回答，反而微笑着问道：“人们都盛传你‘读书破万卷’，真的是这样吗？”

李渤自信地点了点头，回答道：“是这样，我确实读了很多书。”

禅师装出一副不解的样子反问道：“我看你的脑袋也不过像椰子那么大小，那‘万卷书’放在哪里呢？”

李渤不禁俯首礼拜。

佛心道智

所谓：“通则变，变则通。”道理是死的，思维却是活的。枉读书万卷，不知抽象变通，那一肚子学问也是白费了。

20．吃茶去

赵州禅师问新来的和尚：“你来过这里吗？”

和尚答：“来过！”

赵州便对他说：“吃茶去！”

他又问另一个和尚：“你来过这里吗？”

和尚答：“没有。”

赵州也对他说：“吃茶去！”

在一旁的院主奇怪地问：“怎么来过的叫他去吃茶，没有来过的也叫他去吃茶呢？”

赵州不回答，叫道：“院主！”

院主答应了一声，赵州和尚对他说：“吃茶去！”

佛心道智

赵州禅师的修行已达到一定境界，倘是一般和尚实难理解其行为、言语。告诉你万物无差别，却偏要分“来过”“没来过”，那你就只有吃茶的份了。

21. 狗子的佛性

一个和尚问赵州：“狗子有佛性吗？”

赵州回答道：“没有。”

和尚不信，问：“上自诸佛，下至蝼蚁，都有佛性，怎么狗子却没有佛性呢？”

赵州答道：“因为它还有业识。”

另一个和尚也问这个问题，赵州答道：“有。”

和尚又问：“既然有佛性，为何却投入狗的臭皮囊呢？”

赵州再答：“因为它明知故犯。”

佛心道智

每日不知用心学习，参禅悟道，心中总想一些无聊的、钻牛角尖的问题。最智慧的骂人、教育方法是不落痕迹的，既然你非要问个水落石出，那就委屈你当一次狗吧！

22. 无中生有

李翱有一次拜访南泉禅师，问："从前有一个人，在一个玻璃瓶里养了一只小鹅。鹅慢慢长大了，整天叫着蹦着要出来。但是瓶口太小了，鹅太大了，这个人既不想把瓶打破，又想把鹅放出来，你说该怎么办？"

南泉禅师微微一笑，突然叫道："李翱！"

李翱下意识地回答道："在！"

南泉禅师笑着说："这不出来了嘛！"

佛心道智

本来没有的事，偏要无中生有地问，还要硬钻牛角尖。既然非要无中生有地问，那你就当一次鹅吧。

23. 阴差阳错与一切皆禅

无相禅师外出的时候，一个云游僧专程来找他辩论禅法。

接待的小沙弥说："师父不在，有事跟我说吧。"

云游僧："不行啊，你年纪太小。"

小沙弥："年龄虽小，智慧不一定少！"

云游僧便用手指比了个小圈圈，向前一指。

小沙弥摊开双手，画了个大圆圈。

云游僧伸出一根手指。

小沙弥便伸出五根手指。

云游僧再伸出三根手指，小沙弥用手在眼睛上比了一下。

云游僧诚惶诚恐地跪了下来，顶礼三拜，掉头就走。

云游僧心里想：我用手比了个小圈圈，向前一指，问他胸量有多大？他用手画了个大圈，说有大海那么大。我伸出一指问他自身如何？他伸出五指说受持五戒。我伸三指问他三界如何？他指指眼睛说三界就在眼里。无相禅师的小沙弥尚且这么高明，更别说他本人了，还是走为上策。

无相禅师回来，小沙弥报告说："师父！不知为什么，那位云游僧知道我原来是卖饼的。他用手比了个小圈圈说，你家的饼只有这么一点大。我即摊开双手说，有这么大呢！他伸出一指说，一文钱一个吗？我伸出五指说，五文钱一个。他又伸出三指说，三文钱可以吗？我比了眼睛，怪他有眼无珠，不识货，不想，他却吓得逃走了！"

无相禅师听后，说道："一切皆法，一切皆禅！你会吗？"

小沙弥茫然。

佛心道智

小沙弥的思想实在可爱，而云游僧的自以为是亦令人发笑。还是无相禅师有智慧，一语就道破玄机：一切皆禅，却是阴差阳错！

24. 通身是眼

道吾禅师和云岩禅师是师兄弟，经常在一起参禅悟道。有一天师弟道吾问道："观世音菩萨有千手千眼，请问师兄，哪一个眼睛才是正眼呢？"

云岩反问道："你晚上睡觉的时候，枕头掉到地下去了，你眼睛也不睁开，手往地下一抓拿起枕头继续睡觉，请问，你是用什么眼去抓的？"

道吾听了之后，思索了一下，高兴地说："喔！师兄，我懂了！"

"你懂了什么？"云岩问。

道吾说："我问的问题啊，观世音菩萨遍身是眼。"

云岩微笑着说："你只懂了八成！"

道吾疑惑地问："那应该怎么说呢？"

云岩简洁地说道："通身是眼！"

通身是眼，则身体、眼睛融为一体，泯灭差别。

佛心道智

有时，我们与真理的距离只有一字之遥，但就是这一字，也许我们终身为之奋斗、追求却不得要领。道吾禅师是幸运的，因为他有一个通晓真理并愿无私传授于他的师兄。一字之差，高低就此分晓矣！

25．一丝不挂

一个和尚问赵州："现在我心里一丝牵挂也没有，这样是不是就契悟了禅理？"

赵州反问："不挂什么？"

和尚说："不挂一丝呀。"

赵州笑道："这不，又挂上了吗！"

佛心道智

赵州禅师的逸事实在多，而每次都是寥寥数语便将对方噎得哑口无言。自大和尚要谨记：不到火候莫口出狂言，一不小心就被高僧设套了。

26．肉眼、心眼

有一天，云岩禅师正在寺院里自己编织草鞋，洞山禅师走到他面前说：“老师！我可以跟您要一样东西吗？”

云岩禅师头也不抬地回答道：“你说说看，什么东西？”

洞山禅师不客气地说道：“我想要你的眼珠。”

云岩禅师还是不抬头，很平静地问道：“要眼珠？那你自己的眼珠呢？”

洞山禅师肯定地回答：“我没有眼珠！”

云岩禅师淡淡一笑，说：“要是你有眼珠，会把它安置在哪里？”

洞山禅师搔搔头，无言以对。

云岩禅师这才抬起头，非常严肃地说道：“我想你要的眼珠，不是我的眼珠，而是你自己的眼珠吧？”

洞山禅师又改变口气道：“事实上我要的不是眼珠。”

云岩禅师猛然对洞山禅师大喝一声道：“你给我出去！”

洞山禅师却站在原地不动，非常诚恳地说道：“我也想出去，可是我没有眼珠，看不清前面的道路啊，你叫我往哪里走呢？”

云岩禅师用手摸一摸自己的心，说道：“这不早就给你了吗？还说什么看不到！”

洞山禅师终于言下省悟。

佛心道智

我们看事物大多用的是肉眼，又有多少次用“心眼”。不论是在学习、工作还是在生活中，我们都要学会用“心眼”去思考，不能只停留在表面上。而且，“心眼”需要自己去领悟，而不是要来的。

27．虱子的出处

苏东坡和秦少游都才华横溢，年轻气盛，经常谈学论道，互不相让，争得面红耳赤。

这天两人一起出去游玩，饿了找到一家小饭馆吃饭，刚好看到门外面走过一个乞丐，蓬头垢面，由于许多天没有洗澡，身上爬满了虱子。

眼尖的苏东坡随口说：“那个人真脏，身上的污垢都生出虱子来了！”

秦少游反驳道：“才不是呢，你错了！虱子不是从身上的污垢中长出来的，而是从棉絮中长出来的！”

苏东坡不肯示弱，讥讽道：“你有什么证据呢？难道你家的棉絮长过虱子吗？”

秦少游生气地说：“你真可恶！人家都说虱子是从棉絮中长出来的，就你这个傻瓜不知道！”

两人各持己见，争执不下，最后决定去请他们共同的好朋友——佛印禅师做个公道，评论虱子是怎么生成的，并且规定，输的人要请一桌酒席。

苏东坡求胜心切，私下便跑到佛印禅师那里，请他务必要帮自己的忙。过后，秦少游也去请禅师帮忙。佛印禅师都对他们的要求一口答应。

两人都以为稳操胜算，心中窃喜，放心地等待评判的结果，想让对方请客摆酒席。

轮到禅师评断了，他不慌不忙地说："虱子的头部是从尘垢中长出来的，而虱子的脚部却是从棉絮中长出来的。现在，你们两个都应该请客，谁先请？"

苏东坡和秦少游目瞪口呆，大呼上当。

两个诗人加起来，却被一个禅师"骗"了！

佛心道智

文人墨客就是爱卖弄才华，不懂装懂也就罢了，还硬要拉出权威人物来评理。既然是两个倔强的糊涂鬼，那就让禅师捉弄一回吧。

28. 赚钱给你偷

有个小偷晚上钻进一座寺院，想偷东西，但翻箱倒柜都找不到值钱的东西好偷，不得已，正准备离去时，睡在床上的无相禅师开口叫道："喂！你这个朋友，既然要走，请顺便为我把门关好！"

小偷先是一愣，随即就说："原来你这么懒惰，连门都要别人关，难怪你寺里一点值钱的东西都没有。"

无相禅师说："你这位朋友太过分了，难道要我老人家每天辛辛苦苦，赚钱买东西给你偷吗？"

小偷遇到这种和尚，真是一点办法也没有。

佛心道智

偷不到东西，反而怪别人没有东西，典型的“强盗逻辑”。幸好，禅师拥有的无尽宝藏是在心里，你小偷又怎么偷得到呢？心里的宝藏是最安全的，谁也偷不去。

29．不是没人，是目中无人

有个新来的和尚对赵州从谂说：“我从长安来，横扛着一条禅杖，却不曾碰着一个人。”

赵州从谂回答道：“不是因为没人，是因为你的禅杖太短。”

和尚顿时就傻了眼。

佛心道智

目中无人者，自然碰不到人，因为人人避而远之。所以，不是没人，而是和尚目中无人，有眼睛的人只好躲开没眼睛的禅杖了。

30．虚空与实在

石恐禅师和西堂禅师是师兄弟，经常在一起参禅。有一次，石恐禅师开玩笑地问西堂禅师：“你会捉虚空吗？”

没想到西堂禅师马上毫不犹豫地答道：“会捉。”

石恐禅师惊奇地问道：“怎么样捉？”

西堂禅师用手在空中抓了一抓，说：“就这么捉。”

石恐禅师摇了摇头，反驳道：“你不会捉，不是你这么捉的。”

西堂禅师不服气地反问道：“那师兄你说该怎么捉呢？”

石恐禅师一把拽住西堂禅师的鼻孔，疼得西堂禅师大叫：“师兄放手！这个虚空会痛啊。疼死人了，鼻子快拽掉了！”

石恐禅师松开师弟，笑着说：“必须这么捉虚空才行。”

西堂禅师摸着红肿的鼻子，笑呵呵地对师兄说：“多谢师兄指点！”

佛心道智

不存在的东西要如何去捉？禅道讲求的是把握实实在在的东西。这就好比我们做人做事，名利都是虚的，只有不断地追求理想才是实实在在的。

第五章

进退之道

俗话说："退一步海阔天空。"能进能退，才是真正法器。对于很多人来说往往进有余而退不足，不撞南墙不回头，一旦碰到巨石便会头破血流；也有的人只退不进，万事不出头，他们也将永远没有出头之日。所以，只有审时度势，懂得进退之道的人，才更容易获取成功。

1．前七步，后七步

从前有个又穷又愚的人，在一夕之间突然富了起来。但是有了钱，他却不知道如何来处理这些钱。

他向一位和尚诉苦，这位和尚便开导他说：“你一向贫穷，没有智慧，现在虽有了钱，可是依然没有智慧。你进城里去，那里有不少大智慧的人，你出百把两银子，别人就会教你智慧之法。”

那人真的去了城里，逢人就问哪里有智慧可买。

有位住持告诉他：“你倘若遇到疑难的事，且不要急着处理，可先朝前走七步，然后再后退七步，这样进退三次，智慧便来了。”

“‘智慧’就这么简单吗？”那人听后将信将疑。

当天夜里回家，他推门进屋，昏暗中发现妻子居然与人同眠，顿时怒起，拔出刀来便要砍下。这时，他忽然想起白天买来的智慧，心想：何不试试？

于是，他前进七步，后退七步，又前进七步……然后，点亮了灯再看时，竟然发现与妻子同眠者原来是自己的母亲。

佛心道智

我们很多时候后悔都是因为自己冲动之下做的“错事”引起的。任由头脑发热，怒火中烧，便会失去理智，意气用事，以致害人害己，将人生置于不可追悔的地步。如果我们学会冷静处事，结果就会截然不同了。

2. 一切都会过去

有一次，释迦带着阿难等弟子来到某国，有一个对释迦怀有恨意的人竟收买了该国许多人，到处去说释迦的坏话。

阿难见情况越来越糟，就问释迦："此国之人对我们没有好感，我们不如到其他国去吧？"

释迦问："阿难，下一个国家如果也这样，该怎么办？"

阿难答："果真如此，再到其他国家。"

释迦说："照你这么说的话，事情便没完没了。我受人诽谤时，必坚持忍耐，终有真相大白的时候，届时自然止谤。悟者是不会为了毁誉褒贬而动摇心志的，因为这一切终将会成为过去。"

佛心道智

"谣言止于智者。"释迦失去的不过是一时的、可以修复的声誉，而如果他避开对他有误解的国家而绕道，那他就失去了有可能成为他的爱戴者的一国国民。如何去面对不符合事实，乱嚼舌根的无知谣传呢？最好的办法莫过于"以不变应万变"。万不可为之勃然大怒或痛心疾首——这是下下之策。

3．老和尚收徒

从前，在一座山上，有一座香火很盛的庙宇，庙里有一位和尚。这位和尚已年近花甲，加上有些积蓄，便思量着物色一个老老实实、品德端正的小和尚为徒。

一天，一个小青年来到庙里，求见老和尚，表示愿意出家。老和尚没有表态，先叫他在太阳底下站两个时辰再说。这时正值盛夏，赤日炎炎似火烧。一会儿，小青年热汗直流。他终于熬不住了，趁老和尚不在，偷偷溜下山去了。

过了几天，又有一个后生来到庙里，诚恳地要求出家，并请老和尚收他为徒。老和尚也没有马上答应，先叫他到小溪里洗两个时辰木炭再说。后生觉得洗木炭是捉弄人，当场丢下木炭扬长而去。老和尚见了，不由得连连摇头。

过了一段时间，又来了个年轻人。他一踏进庙门，就一头拜倒在老和尚面前，发誓出家终生，不再纠缠尘世，恳求老和尚开恩收下他。老和尚见他出家之心如此坚决，而且又这般有礼，心里已有五分欢喜。于是，便吩咐他先在太阳底下站两个时辰，之后再进庙里面谈。年轻人二话不说，真的在烈日下站了两个时辰，身上晒脱一层皮。老和尚见了，心里又增加了三分欢喜。接着老和尚又叫他去洗木炭，年轻人毫无怨言地足足洗了两个时辰。老和尚见这位年轻人如此循规蹈矩，彬彬有礼，诚实听话，庆幸遇到了一个好徒弟，当下便收进门来。

却说小和尚进庙后确实十分出众，一个月有余，所做的事件件都令老和尚称心如意，老和尚人前人后好几次都说："收了这么个贤明老实的徒弟，老衲我真是前世修得的缘啊！”

又是一个月过去了。这天老和尚要下山化缘，简单地交代了小和尚几句，就放心地走了。可是等老和尚三天后归来，庙里却被洗劫一空，小和尚也已不知去向。

佛心道智

“人心隔肚皮。”有些人是善于伪装的，即使经过长时间的观察，也难以看清楚他的心。在生活中，我们一定要擦亮眼睛，不可轻易相信别人，否则便会上当受骗。

4．不听老人言，吃亏在眼前

很久以前，有一座深山。山上古木参天，奇花遍地，人迹罕至。只有潺潺的溪水和偶尔的鸟鸣，才会打破这份宁静。

在这座深山里，住着一老一小两位和尚。老和尚是位得道者，面容清瘦，精神矍铄，雪白的须眉，双目炯炯有神。小和尚虽然也希望能修得正果，却不愿像老和尚那样整天修炼，因此，没有多大的本事。

老和尚经过多年的苦心修炼，有了五种神奇的神通力。老和尚到处寻访仙人，虚心求教，而其他仙人也常常赠给他各种仙果佳酿。老和尚从阎浮罗提来一大篮山上从没见过的瓜果，从北方的邯郸国带回了又香又软的大米。老和尚每次带回美味佳肴时，总要唤来小和尚，说：“年轻人，若是心术不正，总有一日你会丧失神通力的。”

可是小和尚对老和尚的苦口良言充耳不闻，反而以为老和尚让他在众人面前出了丑，便到处诽谤老和尚，说是老和尚嫉妒他的本事，见不得年轻人比自己强。

流言传到老和尚那里，他只是淡淡一笑，也不做任何辩解，因为他知道他的预言终有一天会变成现实。

果然，没过多久，小和尚在一次表演中，竟然失足跌了下来，众人哄堂大笑。他试图再次拔地而起，却怎么也升不上天空了。小和尚不甘心在众人面前丢人现眼，他一遍遍地施展各种神通，结果都失败了，他所得到的只有众人嘲讽的笑声，原来他的神通力已全部失去了。

一传十，十传百，小和尚失去神通力的消息很快传遍了全城。这时，全城百姓都赞扬老和尚品德高尚，本领非凡；同时，纷纷谴责小和尚心胸狭隘，品行低下，最后一致决定把小和尚驱逐出城。

沮丧的小和尚这才懊悔自己不该把老和尚的忠告当成耳旁风，可是一切都已晚了，他只能在众人的斥责声中灰溜溜地离去。

佛心道智

也许很多人对要听长辈的话嗤之以鼻，认为在这个唯我独尊、崇尚个性的年代里，规矩和道理是被抛弃、排斥的。但还是那句老话："不听老人言，吃亏在眼前。"经验是不可复制的，老人的话即使不能全听，也不能全然不听。

5. 两艘船

有一次，唐徽宗行至长江畔的金山寺，登高楼，远眺江中的船只。因看得有趣，就问该寺的住持黄伯禅师说："江上这许多船，可知船数有多少？"

禅师答："有两艘。"

徽宗觉得他答得很奇怪，就问："这是什么意思？"

禅师答："其一为'名闻之船'，其二为'利养之船'。"

意思是说：来来往往的船只虽多不可胜数，归根究底不过为名誉、为利益而工作罢了。今天，我们站在任何一座大城市的繁华街道上看，那熙来攘往的人潮，那汩汩流动的车河，岂非就像长江上的无尽船帆一样吗？

佛心道智

欲望是无尽的，人追求钱财、色欲，执着迷妄，难分难解，就像无知孩童贪图沾在刀锋上的丁点蜜糖，不惜用舌头去舔刀锋，以至于让刀锋割伤了舌头。如果我们不知分寸地过分奢求，终必使我们自身毁灭。

6．流言与鹅毛

在遥远国度的一个喧闹的城市里，住着一位具有非凡智慧的禅师。人们喜欢从四面八方来到这个城市，群集在神师的禅堂外，仔细聆听禅师的教诲。在禅师同一条街上的不远处住有一位学者。他空有满腹的经纶，却苦于一直怀才不遇。

看着禅师门前车水马龙的盛况，学者心里很不是滋味。最终学者失去了自己应有的修养及风度，开始利用许多恶毒的批评，来攻击这位深受众人景仰的禅师。

学者那恶意攻击的举动不久就传到了禅师的耳中。但禅师却一笑置之，并不在意。

许多天以后，学者突然大彻大悟，深深觉得自己的行为卑劣，于是，他来到禅师的面前负荆请罪。学者向禅师表示，他愿意尽所有的力量，将曾经说过、做过的有关侮辱禅师名誉的一切行径，用最快的速度加以澄清。

禅师听了学者的话，伸手取过身旁的一个鹅毛靠枕，正色说道："别的事你也不用做，我只要求你把这个鹅毛枕头拿到大街上，将它外面的封套撕开，让里面的鹅毛随风四处飞。然后，我要你把所有的鹅毛，一片都不能遗漏地全部给我捡回来。"

学者想了想，讪讪地笑道："这个……这个……我怎么可能办得到？鹅毛那么轻，一阵风吹来，就不知飞到什么地方去了……"

禅师微笑着说："对啊，谣言一旦传出去，岂不就像这鹅毛四处飞散一般，又怎能将那些谣言收得回来呢？所以，我们不如就让这些事情随风飘散吧。"

学者聆听了禅师轻松的话语后，方才明了禅师的智慧深不可测，从此心悦诚服地跟随禅师学习禅道。

佛心道智

"不要为打翻的牛奶哭泣。"事情已经发生，就不要再为不可挽回的损失耿耿于怀。我们要做的是努力向前看。

7．释迦的劝诫

释迦在世时，一个人因嫉妒释迦受世人景仰，心怀不平而当面对释迦破口大骂。但是，不管他的态度如何恶劣，言语如何不可理喻，释迦却始终保持沉默，冷静以对。

在他骂够骂累之后，释迦才开口说：“朋友，如果有人送礼给他人，对方并不接受的话，请问该礼物属谁？”

那人没想到有此一问，不假思索就答道：“当然属送礼的人了。”

释迦见他这样答，继续问道：“好，现在你对我破口大骂，如果我不接受这些詈言，请问它们将属谁？”

此人一时语塞，默然不语，继之醒悟自己的过错，并为自己的无礼向释迦道歉，发誓绝不再诽谤他人。

佛心道智

有时候，无言便是最大的蔑视。集大成修行者，位置越高，越对来自下面诽谤的声音不在乎，因为他们知道，谣言终会不攻自破，不劳自己动口舌。当然，我们也要明白这个道理：在灰暗的日子中，不要让冷酷的命运窃喜；命运既然来凌辱我们，我们就应该用处之泰然的态度予以回应。

8．苏东坡的对联

佛印虽然做了和尚，但是仍然非常洒脱，常与苏东坡一块饮酒吃肉，不受佛门清规戒律的束缚。

一次，佛印听说苏东坡要到寺里来，便叫人烧了一盘苏东坡爱吃的红烧酥骨鱼。鱼刚端来，苏东坡恰好走到门外。

佛印听到苏东坡的脚步声，想跟他开个玩笑。正好旁边有一只铜磬，他顺手就把鱼藏进磬中。

苏东坡早就闻到鱼的香味了，满以为又有鱼肉吃了。一看饭桌上没有鱼，而香案上的铜磬却倒扣着，心里自然明白，却佯作不知，坐下来就唉声叹气，一副闷闷不乐的样子。

佛印感到奇怪。他素知苏东坡是个乐天派，笑口常开，可今天怎么啦？他不由得关切起来："大诗人，你为何愁眉不展呀？"

"唉！你有所不知，早上有人出了一个上联，要我对下联。我整整想了一早上，才对出四个字，所以心烦。"苏东坡答道。

佛印半信半疑地问："不知上联怎么写？"

苏东坡说："向阳门第春常在。"

佛印听了心中好笑，这副对联早已老掉了牙，谁人不晓，难道存心要我？且看他葫芦里卖的什么药。于是也若无其事地往下问："那么，你对出哪四个字呀？"

"积——善——人——家。"苏东坡故意一字一顿地念出来。

佛印不假思索地大声接着说："庆——有——余！"

苏东坡忍不住哈哈大笑说："既然磬（庆）里有鱼（余），为什么不早拿出来让我尝尝呢？"

此时佛印才知中计。接着两人拊掌大笑，开怀畅饮。

佛心道智

苏东坡不容易，终于赢了佛印禅师一次。然而，他们两个并不是赌气冤家。他们的友谊在相互赞赏、批评中不断升华并最终流芳千古！

9. 鱼在上头

一次，苏东坡吩咐侍妾朝云，用姜葱等配料，做了一盘清蒸鲈鱼。苏东坡刚要举筷，忽见窗外人影一闪，是佛印来了。苏东坡心想，这和尚倒有口福，待我耍他一耍，于是赶紧将鱼放到碗橱上面。

佛印眼尖，早已看在眼里，只当不知道。苏东坡笑嘻嘻地招呼佛印上坐，问道："大师不在禅堂念经，却来这里为何？"

佛印一本正经地答道："贫僧有一个字不会写，今天特来请教。"

苏东坡不知有诈，忙问："不知是哪个字呢？"

"就是你姓苏的苏字呀！"

苏东坡眉头一皱，深知佛印学问渊博，绝对不至连"苏"字都不会写，里面定有玄妙，但依旧装作很认真地回答："啊，这苏（蘇）字嘛，是上面一个草头，下面左边一角鱼，右边一束禾。"

佛印也装糊涂地问："啊，是这样，要是把那条鱼放在上头呢？"

苏东坡忙说："那可不行！"

佛印哈哈大笑，指指碗橱说："既然不能放在上头，那还不赶快拿下来呀？"

苏东坡这才恍然大悟，也跟着哈哈大笑起来。

佛心道智

既然你苏东坡已经吃了我佛印的鱼，那也让我佛印吃一回你苏东坡的鱼吧。子曰："有朋自远方来，不亦乐乎。"礼尚往来才是正道啊！

10．水的形状

有一个人在社会上一直落魄，不得志，有人向他推荐了一位得道大师。

他找到大师。大师沉思良久，默然舀起一瓢水，问：“这水是什么形状？”

这人摇头：“水哪有什么形状？”

大师不答，只是把水倒入杯子，这人恍然大悟：“我知道了，水的形状像杯子。”

大师无语，又把杯子中的水倒入旁边的花瓶，这人说：“我又知道了，水的形状像花瓶。”

大师摇头，轻轻提起花瓶，把水倒入一个盛满沙土的盆。清清的水便一下渗入沙土，不见了。这人陷入了沉默与思索。

大师弯下身抓起一把沙土，叹道：“看，水就这么消逝了，这也是一生！”

这个人对大师的话沉思良久，高兴地说：“我知道了，您是通过水告诉我，社会处处像一个个规则的容器，人应该像水一样，盛进什么容器就是什么形状。而且，人还极可能在一个规则的容器中消逝，就像这水一样，消逝得迅速、突然，而且一切无法改变！”

这人说完，眼睛紧盯着大师的眼睛，他现在急于得到大师的肯定。

“是这样。”大师拈须，转而又说，“又不是这样！”

说毕，大师出门，这人随后。在屋檐下，大师伏下身，用手在青石板的台阶上摸了一会儿，然后顿住。这人把手指伸向刚才大师手指所触之地，他感到有一个凹处。他迷惑，他不知道这本来平整的石阶上的“小窝”到底藏着什么玄机。

大师说：“一到雨天，雨水就会从屋檐落下。你看，这个凹处就是水落下的结果。”

此人于是大悟：“我明白了，人可能被装入规则的容器，但又像这小小的水滴，改变着这坚硬的青石板，直到破坏容器。”

大师说：“对，这个窝会变成一个洞！”

佛心道智

大师的这番话特别适合对那些初入社会的年轻人讲：为人处世要像水一样，能屈能伸。即要尽力适应环境，也要努力改变环境，实现自我。我们应该多一点人情世故，能够在必要的时候弯一弯，转一转。“木秀于林，风必摧之。”唯有那些不只是坚硬，而更多有一些柔韧的弹性的人，才可以克服更多的困难，战胜更多的挫折并取得最后的成功。

11．守端怕人笑

守端禅师的师父是茶陵郁山住持。有一天骑驴过桥，驴子的脚陷入桥的裂缝，住持被摔下驴背，忽然感悟，吟了一首诗：

我有神珠一颗，久被尘劳羁锁。

今朝尘尽光生，照见山河星朵。

守端很喜欢这首诗，一字一句地背下来。有一天，他去拜访杨歧方会禅师。

方会问他："你的师父过桥时跌下驴背突然开悟，我听说他作了一首诗很奇妙，你还记得吗？"

守端就不假思索，开心地背诵起来。等他背完了，方会大笑一阵，然后，一言不发，起身就走了。守端非常奇怪，想不出这是为什么。

第二天一大早，他就赶去见方会，问他为什么大笑。

方会问："你见到昨天那个为了驱邪演出的小丑了吗？"

"我见到了。"

方会说："你连他们的一点点都不如。"

守端听了吓了一跳说："师父您是什么意思？"

方会说："他们喜欢人家笑，你却怕人家笑。"

守端听了，豁然醒悟。

佛心道智

每个人对每件事都有各自不同的看法，别人笑，你可能哭，别人乐，你可能怒。何必要在意别人与自己不同的看法，即使这些挑剔是针对你的。如果此般肚量都没有，那无论如何也开悟不了了。

12．大胆超越

有一个诗人跪在一尊高大的雕像前，虔诚地拜着。他面露忧郁，显得无精打采。这时，一位云游四方的和尚来到他身旁。诗人来不及站起身，激动地问："今有一事求教，请指点迷津。伟人何以成为伟人？比如说，像这尊雕像。”

和尚从容地说：“伟人之所以伟大，是因为我们跪着。”

“什么？是因为我们跪着？”

“是，站起来吧，你也可以成为伟人。”和尚打了一个站立的手势。

“真的？”

“真的。与其执着拜倒，不如大胆超越。”

佛心道智

牛顿说过：“我之所以取得成功，是因为我站在伟人的肩膀上。”我们试想，如果牛顿一直跪在前辈的脚下，他是否还能取得那样辉煌的成绩。

权威是用来被超越的，而不是位坐高堂享人崇拜的。

13. 最好的与最坏的

皇上要招待一位贵宾，就命令大臣找来禅师商量。禅师对皇上说：“万岁，您不必着急，我自会给您招待好的。”说完禅师就到市场上去了。

食物买回来了，皇上一看，原来是猪舌头，十分奇怪，就问原因。禅师说：“万岁，因为舌头能讲出最美的语言，说出最华丽的词语，所以它才是世界上最好的食物。”

接着皇上让禅师去买世界上最坏的食物，结果禅师买来的仍是猪舌头。他向皇上解释：“万岁，舌头是世界上最可怕的东西。它挑拨是非，颠倒黑白，能把死人说成活的，能把活人说成死的，所以最坏不过。”

佛心道智

不同的话语在不同人的口中就会有不同的味道。有人用它来表达思想，有人用它来唱歌，总之是一种很重要的工具。诚实的人说话最值得接受，尽管有时忠言逆耳，但它绝对有益处。奸诈的人常常说谎，尽管很动听，但却是很危险的。禅师以食物来劝谏皇上，可谓用心良苦。

14. 有钱人的逻辑

释圆大师在云游途中来到一个地方。他拖着疲惫的身体，感到又饥饿又口渴。走着走着，眼前出现了两座房子。其中一座非常华丽，另一座却非常破旧。

释圆大师心想：我若是借宿于那座华丽的房子，相信不至于给房主带来负担。于是，大师敲了敲华丽房子的门。一会儿，一个穿着很得体的男人开了门，问道："你有什么事？"

大师回答说："我出远门，途中至此，不知是否方便借宿一晚？"

那男人用非常不屑的眼神上下打量了大师一番之后，他心里有了主意：这人衣着朴素，行囊简单，可见不是有钱人。于是，房主说："不行，我的房子怎么能让你住呢？我的房间里有那么多的药材、种子，没有空地了。假如每一个来敲门的人都要求借宿，那怎么能住得下呢？再说了，我哪有那么多食物给你们吃啊！"说完，房主就关上了门。

佛心道智

释圆大师的菩萨心肠原本是想减轻贫寒人家的负担，但这户富人家却有自己的打算，势利眼看来自古就有啊！现如今，我们这个时代充斥着金钱至上的气息，如果觉得人家有钱，整个态度、言行就都变了，变得俗不可耐，如果觉得人家没钱，在言行、态度上往往会出现嫌弃、不以为然的情形。想想，自己生活中是否出现过这样的人？莫让自己成为势利眼之人，也避免让自己只知道向“钱”看。

15．龙与虎的特性

有一位学僧正在寺前的围墙上模拟一幅龙争虎斗的画像。图中龙在云端盘旋将下，虎踞山头，作势欲扑。虽然他已修改多次，却总认为其中动态不足。这时，无德禅师从外面回来，学僧就请禅师评鉴一下。

无德禅师看后说：“龙和虎的外形画得很好，但龙与虎的特性你又知道多少？现在应该要明白的是龙在攻击之前，头必须向后退缩；虎要上扑时，头必然向下压低。龙颈向后的曲度越大，虎头越贴近地面，它们也就能冲得更快、跳得更高。”

学僧非常欢喜地说道：“师父真是一语道破，我不仅将龙头画得太向前，虎头也太高了，怪不得总觉得动态不足呢。”

无德禅师借机说教道：“为人处世，参禅修道的道理也一样。退一步来准备之后，才能冲得更远；谦卑地反省之后，才能爬得更高。”

学僧不明白，又问：“师父，退步的人怎能向前？谦卑的人怎能更高？”

无德禅师随即作了一首诗：“手把青秧插满田，低头便见水中天；身心清净方为道，退步原来是向前。”

学僧至此方才醒悟。

佛心道智

我们都看过运动会上跳远运动员的预备动作，为了跳得远，他们都会站在离沙坑一段距离的地方助跑。“退步是为了能往前走一大步。”这正说明了当进则进，当退则退；当高则高，当低则低。所谓进退有据，高低有时也。

16．法明煮汤

法明是个年轻的比丘，在寺庙里负责砍柴烧饭。由于性格刚愎急躁，师兄弟们都喜欢捉弄他。

有一日，天气炎热异常，法明煮了一锅清汤，叫师兄弟们来喝。其中一碗汤里有一只死蚂蚁，师兄弟们异口同声地说：“好好的一碗汤却被一颗鼠粪所玷污了。”

法明听了怒气冲冲地把汤全倒掉了，接下来的数日都闷闷不乐。禅师知道后把他叫到禅房说道：“我们岂能因他人片刻的话便认为自己是鼠粪？”

法明听了惭愧万分。

佛心道智

人气我，我不气，生你的气，我上当。生气不如争气。是金子总会发光，何必在意他人暂时的诋毁，要想让他人尊重自己，首先自己要做到值得让人尊重。

17. 禅师和熊

禅师和朋友两人相约一同出游，在半路上遇到了一头熊，朋友撇下禅师，自己飞快地爬上树，躲在树上。

禅师躲避不及，急中生智，急忙躺在路上屏住呼吸装死。熊过来在他身上来回闻了一遍，因为熊不吃"死尸"，所以就离开了。

等熊走远，朋友从树上溜下来，对禅师说风凉话："刚才熊在你耳边说了什么悄悄话？"

"熊说：'不能和临难背弃的人交朋友。'"禅师说。

佛心道智

在生死攸关、利益冲突之时，方能见证友情、亲情的忠诚。患难才会见真情，这话的确有道理。所以当你身处顺境、春风得意之时，很多人都会向你微笑。这时，你不可被表象所迷惑，他们中有不少人在逢场作戏，只有那些在你身处低谷时不离不弃之人，才是你值得信赖的。

18. 立地成佛

从前有一个尼姑跟一个屠夫是好朋友。尼姑天天早上要起来念经，而屠夫天天要起来杀猪。

为了不耽误早上的工作，于是他们约定互相叫对方起床。

多年以后，尼姑与屠夫相继去世。屠夫上了西天乐土，而尼姑却下了地狱。

许多人都不理解，尼姑在人世间做尽善事，为什么死后却下了地狱？而屠夫在人世间整日拿着一把屠刀，荼毒生灵，死后为什么却上了西天？

原来是因为屠夫天天做善事，叫尼姑起来念经；相反地，尼姑天天叫屠夫起来杀生。

佛心道智

看似合理的事情却是大不合理。就像我们现在手握实权、公章的官员，不合理的事情被他们加盖上合理的理由，就合法化了。当然，终有一天，他们会受到看似不合理却实则合理合法的严罚下场。

19. 学会放手

有个孩子把手伸进瓶子里掏糖果。他想多拿一些，于是抓了一大把，结果手被瓶口卡住，怎么也拿不出来。他急得直哭。

佛陀对他说：“看，你既不愿放下糖果，又不能把手拿出来，还是知足一点吧！少拿一点，这样拳头就小了，手就可以轻易地拿出来了。”

佛心道智

这个故事与非洲土著人抓狒狒有异曲同工之妙。庆幸的是，人是有思维的，而不像狒狒一样宁要糖果不要命。虽然有句话叫“人为财死，鸟为食亡”，鸟为食亡符合大自然的食物链，而要你为了面前的一堆财宝而选择死亡，恐怕你要掂量一下了。有时，知足者常乐，还是见好就收吧！

20．师父的教诲

曾经有一个青年，在未出家前常常遭到别人的辱骂，反骂回去时，换来的却是更大的羞辱，最后因为耐不住自尊连番受挫，一时心灰意冷才愤而出家。

教他佛学的师父洞悉了他心中的障碍，忽然一改和善的态度，动辄吼骂，视之为无物。

“怎么？骂你，你不高兴是吧！不服气，你也可以反骂回来呀！为什么不敢？因为我是你师父？因为怕骂了我，我会赶你出去，天下之大就没有你可以容身之所？还是你怕会骂输我，担心自尊受到更大的侮辱，唯恐又刺伤了从前的痛处？”

青年气得额头青筋浮凸，简直就像是密封在罐子里的炸药。

“像你现在的心境，如何习法学道？我这里有两条路给你选，一条是去后山禁闭室修行两年，一条是立刻滚出山门。”师父不留情面地说。

青年气虽气，但一想到这已是人生最后的退路，离开这儿，岂不又要回到原来的世界？一个人寂寞独处，总好过骂不赢人，一再地被羞辱好。于是，他决定修行两年。

两年期间，师父不定时地会来到后山，在禁闭室外，故意骂他不长进，是庸夫一个。而他总是紧闭门窗，独自在里头气得跺脚，以忍功回应。无奈，越忍耐就越气，修行还怎么修得下去？一天，师父又来到禁闭室外，大骂他不是个东西，没想到他却出声回应了："谢谢师父的赞美，弟子还真不是个东西呢！"

师父察知他有所转变，但不晓得到达何种程度，继续骂："哎呀！你这个烂东西，竟然敢顶撞师父！"

青年再回应："啊！师父，您说对了！弟子全身上下就没一处是好东西，若非这个虚假不实的烂身体，弟子早云游四海去了！"

"哼！你这废物，将来出山门可别说是我的徒弟！"

青年在屋里大声笑答："不敢，不敢！我会说自己是师父的一堆屎，将来有机会埋在土里，滋养大地，使万物受育。幸哉！幸哉！"

师父终于再也骂不下去，高兴地说："你现在的心胸，想必是万里无云的晴空了。既然阴霾已去，还赖在笼子里干什么？出来吧！"

佛心道智

以暴制暴只能是暂时的压制而不是让其消亡。以骂止骂，无疑拿矛刺盾，只会招来更多的攻击。以忍制辱，恐怕火候不够，到头来，又被自己多伤害了一次。不如随它去吧，当你都不在乎的时候，别人就更没法在乎了。

21．一捆与一根

慧能大师即将圆寂时，对自己的弟子们说道："你们来看一看，是否能把这些捆在一起的箭折断？你们试过之后，我将会给你们解释一下与它们连在一起的秘密。"

大弟子把箭捆拿了过去，用尽全力也没折断。二弟子接过来试了试，但也是白费力气。三弟子试了试，也没有成功。这捆箭没有一个人能折断，连一根箭也没有折断。

这时大师说道：“你们真是些没有力气的人。现在让我来演示给你们看看，遇到这类情况，我能用我的力气来做些什么吧。”

然后，大师把箭捆拆开，毫不费力地将它们一一折断。大师又说道：“你们看到了吧，这就是团结的力量。徒儿们，愿同门之情让你们联合起来。请你们答应我，你们之间将亲密无间。但愿我在临去之时，能听到你们的这一承诺。”

佛心道智

有一个成语名叫“祸起萧墙”，还有一个词语名叫“内讧”。如果一个团队里有了这两种情况的存在，那么不用他人动手，他们自己就会消亡。“团结就是力量”是一句老话，同时也是永不褪色的真理。可见，“团结”二字，对于团队或一个企业，是何等重要！

22. 舌头和牙齿

法师将要圆寂了，他的弟子们都去探望。弟子们来到法师床前，求教道：“师父的病不轻啊，还有什么要传授给弟子们的吗？”

法师点头，随后张开口，让弟子们看，并问道：“我的舌头还在吗？”

弟子们回答：“还在，好着呢！”

法师又问：“我的牙齿还在吗？”

因为年迈，法师的牙齿已经掉光了，只露着光秃秃的牙床。

“牙齿不在了。”弟子们老老实实地回答。

法师又问：“你们领悟到这个道理了吗？”

弟子们略有所悟地回答：“因为柔软，所以舌头存在；因为刚强，所以牙齿掉光。是这个道理吗？”

法师说：“对啊，天下的道理都在这里。我已经没什么话要说了。”

佛心道智

水滴石穿是真理，以柔克刚才能行。很多人认为，要想在人性丛林中获得生存和发展的机会，就必须把自己变成一个强者，说话要犀利，办事要强硬，只有在气势上压人一头，才能获得别人的认同。其实，这样往往会事与愿违，真正能给我们带来好人缘和权威感的却是如水一般的柔韧和无孔不入。

23．知人不易

有一次佛祖云游四方时，困于大山上七天七夜没饭吃，他的弟子好不容易找到一点米，便赶紧埋锅煮饭。米饭将熟之际，佛祖闻香抬头，恰好看到弟子用手抓出一把米饭送入口中。等到弟子请他吃饭时，佛祖假装说：“我刚刚梦到我父亲，想用这干净的白饭来祭拜他。”

弟子赶快接着说：“不行，不行，这饭不干净，刚刚烧饭时有些烟尘掉入锅中，弃之可惜，我便抓出来吃掉了。”

佛祖这才知道弟子并非偷饭吃，心中相当感慨，便对弟子说：“所信者目也，而目犹不可信；所恃者心也，而心犹不足恃。弟子记之，知人固不易矣！”

佛心道智

耳闻目睹的东西有时也未必是真的。只有当你彻头彻尾懂了这个人，了解事情的来龙去脉才能下结论。所以佛祖说：“知人不易。”信别人就是信自己，这是推己及人的道理。信任不值得信任的人，会改变这个人，使他值得信任；信任值得信任的人，会使这个人更加值得信任。

24．大圆圈与小圆圈

一个弟子问他的师父：“师父，你掌握的知识比我多许多倍，可是为什么你对自己的解答总是有点怀疑呢？”

禅师用锡杖在沙土上面画了个大圆圈，又画了个小圆圈，然后说：“大圆圈的面积代表我掌握的知识，小圆圈的面积代表你掌握的知识，这两个圆圈以外的地方就是你和我无知的部分。因为大圆圈比小圆圈大，因而接触的无知的部分也比小圆圈多，这就是我常常怀疑自己的原因。”

佛心道智

只有虚怀若谷的人才懂得“已知面大，占无知的面也大”的道理，因而他们会产生强烈的求知欲，最终成为真正博学的人。这便是“学无止境”的道理。

25．抽烟与休息

两个烟瘾很大的人，恰巧一起向素以严苛出名的师父学习打坐，上课时因为专心，瘾头暂被抑制，可是刚坐完一炷香，就想利用休息时间抽烟。两人商量不如请示师父，看看可不可以抽。

师兄首先进见，不久，微笑着走出教室，对师弟说："轮到你了。"

师弟进去后，传出怒斥与责打的声音。接着师弟鼻青脸肿狼狈而出，却见师兄悠闲地抽着烟，就无比惊讶地说："哎呀，你还敢抽，我刚才请示师父，几乎被打个半死！"

"你是怎么请示师父的？"

"我问师父，休息的时候，可不可以抽烟？唉！没想到师父反应激烈，就是不许！你呢？"

师兄得意地说："我是问师父，抽烟的时候，可不可以休息？师父说当然可以。"

佛心道智

这就是聪明人与榆木疙瘩的差别：一句话使人哭，一句话使人笑。说话是人际互动的桥梁，我们何妨在生活上检讨得失，我们何不从经验中学习要领，让自己能说会道，成为深受欢迎的人。

26．不开花的种子

有一位方丈昭告天下，他要招收一个衣钵传人。世人听说后，纷纷带着他们的孩子来到寺院，要求方丈收其为徒。一看来的人太多，方丈就想了一个办法：他发给每人一粒种子，宣布谁能在一年后种出美丽的花朵，就收谁为徒。

孩子们拿到种子后，开始精心地培育。从早到晚，浇水、施肥、松土，都希望自己能够成为那个幸运者。

有个叫健雄的孩子，他整日精心培育花种。但是，一年后花盆里的种子连芽都没发出来，更别提开花了。

看花的日子到了，孩子们各自捧着盛开鲜花的花盆，用企盼的眼光看着方丈，而方丈却没有人们想象的那样高兴。

突然，方丈看见了端着空花盆的健雄。他无精打采地站在那里，眼角还有泪花。方丈把他叫到面前，问："孩子，你为什么端着空花盆呢？"

健雄哽咽着，他把自己如何精心培育，但花种怎么也不发芽的经过说了一遍。没想到，方丈的脸上却露出了开心的笑容，他把健雄抱了起来，高声说："孩子，我要的就是你。"

大家不解地问方丈："为什么？"

方丈说："我发给你们的种子全部是煮过的，根本就不可能发芽开花。"

佛心道智

任何时候，我们都不能丢弃做人的原则：诚实是根本，不诚实的人不能信任，更不值得被委以重任。

27．不翼而飞的肉

一天，佛印一早就派人买了几斤上等好肉，烧得红酥酥的，还打了几瓶琼花露名酒，专等苏东坡前来，好痛痛快快地美美吃一顿。

谁知等苏东坡应邀来到时，烧好的猪肉竟不翼而飞。有人说，小和尚见猪肉烧得那么好，实在馋得很，便偷偷地吃掉了。也有人说，某施主见了，说和尚吃肉有污佛门圣洁，叫人拿走了……

佛印有点过意不去，抱歉地说："烧肉真的吃不成了。但这回我可没把肉藏在磬里啊。"

苏东坡二话没说，乐呵呵地吟了一首小诗，赠给佛印。诗云：

远公沽酒饮陶潜，佛印烧猪待子瞻。

采得百花成蜜后，不知辛苦为谁甜。

佛心道智

酒也好，肉也罢，那只是载体，它们可以承托起朋友的友谊，但不能代表朋友的真心。如果真把酒肉看重了，那就成酒肉朋友了。

第六章

随时、随性、随遇、随缘

豁达随心是一种境界，只有万事随缘，超然物外，不以物喜不以己悲，方能包容世间一切。一个人如果修心至深，抛掉私欲，就不会以得失来计较人生意义，从而达到望我的超然境界。

1．化缘

一老一小两个和尚在外化缘。一天，他们看见一头老牛和一头小牛，它们的命运迥然不同。小和尚就问：“师父，为什么老牛整天拖着犁，在地里耕地，而小牛却悠闲地东跑西逛？”

老和尚说：“徒儿，不要着急，以后你就会明白。”

到了秋天，师徒二人又经过这里。刚好看见主人把小牛捆起来，带到祭坛，杀了祭神。

见此情景，老和尚对小和尚说：“这回你该明白小牛为什么能够平时白吃饱不干活，那是因为它离死期不远，要做牺牲品了。”

佛心道智

辛苦工作，任劳任怨的未必就愚笨；投机取巧，偷工减料的也未必就聪明。天上没有掉馅饼的事情，即使掉下来了，也可能是炸弹。贡献出自己的才干，才有资格接受回报，失去了劳动，也就没有了生存和幸福的保障。

2．自找伞自度

有一个信者在屋檐下躲雨，看见一位禅师撑伞走过，于是就喊道：

"禅师，佛法不是讲求普度众生吗，度我一程怎么样？"

禅师道："你躲在屋檐下，我走在雨里；这里有雨，而檐下无雨，何必需要我度你呢？"

信者听禅师这样一说，立刻走出屋檐，站在雨中："现在我也在雨中了，这样你应该可以度我了吧？"

禅师说道："我也在雨中，你也在雨中，我没有淋雨是因为我带伞了，而你淋雨是因为你没有带伞。准确地说，不是我度你，而是伞度我。如果要度，不必找我，请自找伞去吧！"

那信者站在雨中被淋得浑身湿透，他说："不愿意度我就早说，何必绕这么大的圈子，我看佛法讲求的不是'普度众生'，而是'专度自己'！"

禅师听了不但没有生气，反而心平气和地说："想要不淋雨，就要自己找伞。真正悟道的人是不会被外物干扰的。雨天不带伞，一心只想着别人肯定会带伞，肯定会有人帮助自己的，这种想法最是害人。总想着依赖别人，自己不肯努力，到头来必定是什么也得不到。本性是人生来就有的，只不过有的人还没有找到。平时不去寻找，只想依靠别人，不肯利用自己潜在的资源，只把眼光放在别人身上，这样又怎么能够取得成功呢？"

佛心道智

"求人不如求己。"人要自强自立，在这个世界上没有人有义务帮助你，即使是父母，在你年满十八岁以后，也不再有这项责任。他人最多给你提供一个上升的平台，凡事都要相信自己。只有你自己相信了自己，才能让别人相信你。在这个个性张扬、主张自我的年代，自信是我们真正需要和最重要的。

3. 何为粗细

一个学僧到智常禅师的道场来参学。他来时智常禅师正在锄草，刚好从草中跑出一条蛇，禅师就举起锄头将它砍死了。学僧很不以为然地说："很久就仰慕这里慈悲的道风，哪知到了这里，却只看见一个粗鲁的俗人。"

智常禅师说："照你这么说，是你粗，还是我粗？"

学僧不高兴地问："什么是粗？"

智常禅师放下锄头。

学僧又问："什么是细？"

智常禅师举起锄头，做斩蛇的姿势。

学僧不明白智常禅师的意思，问："你所说的粗细，真叫人无法理解！"

智常禅师就反问："且不要依照这样说粗细，请问你是在什么地方看见我斩蛇的？"

学僧毫不客气地道："当下！"

智常禅师用训诫的口气说："你'当下'不见到自己，却来见斩蛇做什么？"

学僧终于有所省悟。

佛心道智

一时有一时之事，佛家讲求当下应做当下之事，你偏偏要歪想其他的，且不论说的是对是错，歪曲了学习方向的做法本身就是错误的。

4．让线变短

一位拳击高手参加锦标赛，自信十足地认为一定可以勇夺冠军。却不料在决赛时，遇到一位实力相当的对手，使他难以招架。拳击高手警觉到自己竟然找不出对方的破绽，而对方的攻击却往往能击中他的要害。

比赛结果可想而知，拳击高手惨败在对方手下，也失去了冠军宝座，他懊恼不已地去少林寺找他的师父，并请求师父帮他找出对方招式的破绽。

师父笑而不语，在地上画了一道线，要他在不能擦掉这条线的情况下，设法让这条线变短。

拳击高手苦思不解，如何能像师父所说，使地上的线变短？但最后他还是放弃继续思考，而求教于师父。

师父在原先那条线的旁边，又画了一道更长的线。两者相较之下，原先的那条线，看起来变得短了许多。

师父开口道："夺得冠军的重点，不在如何攻击对方的弱点。正如地上的长短线一样，只要你自己变得更强，对方正如原先的那条线一般，也就在无形中变得较弱了。"

佛心道智

困难就是这样：你强它就弱，而你弱它就强。所谓"此消彼长"，不经历风雨，怎能见彩虹？假如你仔细观察自己的困境，将会发现它是你值得利用的法宝。因此，我们无论遭遇何种创痛，最要紧的是在创痛中寻找失败的意义。

5. 农夫种萝卜

秋天，农夫在路边的地里收获，他已经拔光了地里的萝卜，但仍不甘心，还在不停地挖土。

这时，一个路过的禅师把一切看在眼里，他说：“种瓜得瓜，种豆得豆。你种下的是萝卜，难道还指望收获黄金吗？”

佛心道智

没有播种因，怎会收获果？付出与回报是紧密联系的，并且在一般情况下是成正比例关系的。有因必有果。良好的开端才能奠定成功的基础，如果从一开始没有打好基础，以后付出再大的代价可能都只会收效甚微。

6. 两副面孔

释迦牟尼在云游四方时，偶然在一座城市的废墟中发现了一座“双面神”神像。于是问：“请问尊神，你为什么一个头，两副面孔呢？”

双面神回答：“因为这样才能一面察看过去，以吸取教训；一面瞻仰未来，以给人憧憬。”

释迦牟尼又问：“可是，你为什么不注视最有意义的现在？”

“现在？”双面神茫然。

释迦牟尼说：“过去是现在的逝去，未来是现在的延续，你既然无视现在，即使对过去了如指掌，对未来洞察先机，又有何意义？”

双面神听了号啕大哭起来。原来他就是没有把握“现在”，这座城市才被敌人攻陷，他也因此被视为敝屣，被人丢弃在废墟中。

佛心道智

任何时间段都没有“现在”重要。“现在”是存在的本质。我们只能拥有转瞬即逝的“现在”。一切都从“现在”做起，把握住“现在”才是人生发展的关键。

7. 大小

有人问大珠禅师：“怎样才算是小呢？”

禅师说：“小。”

那人又问：“有多么小？”

禅师说：“看不见。”

那人接着问：“怎样才算是大呢？”

禅师回答说：“大。”

那人又问：“有多大？”

禅师说：“无边无际。”

那人还问："大到无边无际，小到看不见，究竟何处是？"

大珠禅师反问："何处不是？"

佛心道智

所谓的大小，是相对而言的，大和小是比较出来的，又都是难以穷尽的。所以不必去求什么大与小。

8．闭眼看清楚

有一位老和尚正闭着双眼在静坐，这时来了一个生意场上屡屡失败的商人，他想向老和尚求教解脱失败的方法。老和尚在回答他的问题时，自始至终都没有睁开眼睛，他很惊讶。于是，他问："您为什么能对世界看得这么清楚？"

老和尚回答："因为我闭着眼睛。"

佛心道智

人生如戏，我们自己是编剧、是导演、是演员，至于这出戏将如何演，则完全掌握在我们自己的手中。因此，只要我们能打开心窗，天地、时空就是我们最佳的舞台，也是我们最华美的布景。在这样的情境中，我们应该尽心尽力地舞出生命的活力，歌咏出生命雄伟的乐章。

9．心动、幡动

禅宗惠能大师得到衣钵之后，因缘成熟，开始行脚各处，默默弘法。

有一天途经寺庙前，看到两个出家人对着一面幡旗，争得面红耳赤。他上前仔细听，才知道两人在争论幡旗之所以会动的原因。

其中一位嚷着："如果没有风，幡子怎么会动呢？所以说是风在动。"

另一位也振振有词，说："没有幡子动，又怎么知道风在动，所以应该说是幡子在动！"

两人各执一词，互不相让。惠能大师听了，就对两人说："我来做个公正的裁判。其实，既不是风在动，也不是幡子在动，而是两位的心在动啊！"

佛心道智

禅门对外境的观点，完全反求自心，风动也好，幡动也罢，都是见境生心、起心动念的结果。清心好见性，自在步红尘；修持于方寸中，纵容于作为上。虽然佛家的唯心主义学说不可取，但是我们能清楚地主宰自己的心，就能悟出生活的价值；我们能欢愉地当自己的主人，就能活出生命的如来。

10．从自己心中流出

雪峰禅师和岩头禅师同行至湖南鳌山时，遇雪不能前进。岩头整天不是闲逛，便是睡觉。雪峰总是坐禅，他责备岩头不该只顾睡觉，而岩头则责备他不该每天只顾坐禅。

这时，雪峰指着自己的胸口说：“我这里还不够稳定，又怎敢自欺欺人呢？”

岩头很吃惊，两眼一直注视着雪峰。

雪峰又说：“说实在的，参禅以来，我一直心有不安哪！”

岩头觉得机缘成熟，就慈悲地指导道：“果真如此？那你把所见的都一一告诉我。对的我为你印证，不对的我替你破除！”

雪峰就把自己修行的经过说了一遍。岩头听了雪峰的话后，便喝道：“你没有听说过吗？从门入者不是家珍。”

雪峰便说：“那我以后该怎么办呢？”

岩头又放低声音道：“假如你宣扬大教的话，一切言行，必须都要从自己胸中流出，要能顶天立地才行。”

雪峰当即彻悟。

佛心道智

世间的知识，甚至科学，都是从外界现象上去了解的。但不要在细枝末节上钻研，要从大体上立根！只要方向对了，你所做的努力才能有好的收获。

11．漂亮的独木船

一群年轻人到处寻找快乐，却遇到许多烦恼、忧愁和痛苦。他们来到海边的一座庙宇向老和尚请教，快乐到底在哪里？老和尚说：“你们还是先帮我造一条船吧！”

这些年轻人就暂时把寻找快乐的事儿放到一边，找来造船的工具，用了七七四十九天，锯倒了一棵又高又大的树，挖空树心，造出了一条漂亮的独木船。

独木船下水了，他们把老和尚请上船，一边合力荡桨，一边齐声高歌。

老和尚问：“孩子们，你们快乐吗？”

他们齐声回答：“非常快乐！”

老和尚道：“快乐就是这样，它往往在你为着一个明确的目的忙得无暇顾及其他事情的时候突然来访。”

佛心道智

快乐在生活中的每一件小事中隐藏，认真投入地去做事，快乐就会不期而至。

12．敬钟如佛

有一天，奕尚禅师从禅定中起来时，刚好传来阵阵悠扬的钟声，禅师特别专注地竖耳聆听。待钟声一停，便召唤侍者，询问道：“早晨司钟的人是谁？”

侍者回答道：“是一个新来参学的沙弥。”

于是奕尚禅师就要侍者将这沙弥叫来，问道：“你今天早晨是用什么样的心情在司钟呢？”

沙弥不知禅师为什么要这么问他，便回答道：“只为打钟而打钟，没有什么特别的心情。”

奕尚禅师道：“我看不是吧？你在打钟时，心里一定念着些什么。因为我今天听到的钟声，非常的高亢响亮。只有真心诚意的人，才会打出这种声音。”

沙弥想了想，然后说道：“报告禅师！其实也没有刻意念着什么。在我尚未出家参学时，家父时常告诫我，打钟的时候应该要想到钟即是佛，必须要虔诚，要敬钟如佛。”

奕尚禅师听了非常满意，再三地提醒道：“往后处理事务时，不可以忘记，都要保有今天早上司钟的禅心。”

这位沙弥从童年起，养成恭谨的习惯，不但司钟，做任何事他都一直记着家父和奕尚禅师的开示，保持司钟的禅心，他就是后来的森田禅师。

佛心道智

别小看这烧火、做饭、砍柴、打钟的粗活。谚云：“有志没志，就看烧火扫地”“从小一看，到老一半”。森田沙弥虽小，连司钟时都晓得敬钟如佛的禅心，难怪长大之后，成了一位禅师。我们只要无论做什么事，都带些森田一样的佛心，还愁何事办不成呢？

13. 水中的金块

一位年轻人在岸边看到水中有一块闪闪发亮的金块，他很高兴，赶紧跳进水里捞取。但是任凭他怎么捞都捞不到。筋疲力尽、全身又湿又脏的他只好上岸休息，没想到在水波平静之后，金块又出现了。

他想：水中的金块到底在哪里呢？我明明看到了，为什么却捞不到呢？于是，他又跳下去捞，结果还是没有捞到，他实在很不甘心。

这时，佛祖出现在他面前，看到他全身湿淋淋又脏兮兮的，问道：“发生了什么事？”

年轻人回答：“我明明看到水中有金块，但是不管怎么捞都捞不到。”

佛祖看看平静的水面，再抬头望着树，说：“你看，金块不是在水中，而是在树上！”

佛心道智

又一个猴子捞月亮。可悲的是，身为高级灵长类动物，人类世世代代都会犯类似的错误。为名为利，在空幻之境中奔波辛劳，结果必然是劳而无功。其实除此之外，人生还有实实在在许多美好珍贵的东西，比如亲人的关怀、家庭的和睦、乐善好施等，这些都值得你倾一生之力去努力、去追求。

14. 交换痛苦

佛陀慈悲，他为了消除人间疾苦，有一天把全世界自认最痛苦的一百个人聚在一起。

佛陀问他们："你们很痛苦吗？"

人人争着说自己非常痛苦。

佛陀说："好！知道你们都很痛苦，现在每一个人都把你痛苦的事情写在纸条上。"大家很快就写好了。

佛陀又说："现在拿手中的纸条与别人交换。"

这一百人在交换过别人的痛苦后，纷纷传出惊叫，感慨自己的痛苦并不比别人多。

佛心道智

幸福的人都是一样的，不幸的人则各有各的不幸。不幸的人，总是相信，别人比自己幸福，更顺心，更能掌握自己的人生。但他们没有想到，别人也同样会有相同的问题。正是由于他们的狭隘，才产生了自怨自艾的想法。

15．没有时间觉得老

佛光禅师门下的大弟子大智，出外参学三十年后归来，正在法堂里向佛光禅师述说此次在外参学的种种经历，佛光禅师一直以慰勉的笑容倾听着。最后大智问道："师父，这三十年来，您老一个人还好？"

佛光禅师道："我很好，每天在法海里泛游，讲学、说法、著作、写经，世上没有比这种更欣悦的生活了。我每天忙得很快乐。"

大智关心似的说道："师父，您应该多一些时间休息！"

夜深了，佛光禅师对大智说道："你休息吧，有话我们以后慢慢谈。"

清晨在睡梦中，大智隐隐听到佛光禅师的禅房传出阵阵诵经的木鱼声。白天，佛光禅师总不厌其烦地对一批批来礼佛的信众开示，讲说佛法，一回禅堂不是拟定信徒的教材，便是批阅学僧的心得报告，每天总有忙不完的事。

好不容易看到佛光禅师刚与信徒谈话告一段落，大智忙过来抢着问佛光禅师："师父，分别这三十年来，您每天的生活仍然这么忙碌，怎么都不觉得您老了呢？"

佛光禅师道："我没有时间觉得老呀！"

"没有时间老"，这句话后来一直在大智的耳边回响。

佛心道智

子曰："其为人也，发愤忘食，乐以忘忧，不知老之将至。"世人，有的还很年轻，但心力衰退，即已经老了；有的年寿已高，但心力旺盛，仍感到精神饱满，他仍然还很年轻。年轻与年老，原来不是一种状态，而是一种心念！

16．问题太多

有个忧郁的商人坐在客栈的角落里，一个人独自喝着酒。

一位禅师走上前去问道："您一定有什么难题，不妨说出来，让我给您帮帮忙。"

商人看了他一眼，冷冷地说："我的问题太多了，没有人能够帮我的忙。"

禅师要商人明天跟他走一趟。

第二天，商人依约前往。禅师说："走，我带你去一个地方。"

商人不知道他葫芦里卖的是什么药。

禅师领商人到荒郊野外。禅师指着坟场对商人说："你看看吧，只有躺在这里的人，才统统是没有问题的。"

商人恍然大悟。

佛心道智

只要有问题，就有希望；只要敢于正视问题、解决问题，就可以前进。

17．心静则宽

有一位贫穷的人向禅师哭诉："禅师，我生活得并不如意，房子太小、孩子太多、太太性格暴躁。您说我应该怎么办？"

禅师想了想，问他：“你们家有牛吗？”

“有。”穷人点了点头。

“那你就把牛赶进屋子里来饲养吧。”禅师说。

一个星期后，穷人又来找禅师诉说自己的不幸。

禅师问他：“你们家有羊吗？”

穷人说：“有。”

“那你就把它放到屋子里饲养吧。”禅师说。

过了几天，穷人又来诉苦。禅师问他：“你们家有鸡吗？”

“有啊，并且有很多只呢。”穷人骄傲地说。

“那你就把它们都带进屋子里养吧。”禅师说。

穷人的屋子里便有了七八个孩子，一头牛、两只羊、十多只鸡，还有他和他的老婆。三天后，穷人就受不了了。他再度来找禅师，请他帮忙。

“把牛、羊、鸡全都赶到外面去吧！”禅师说。

第二天，穷人来看禅师，兴奋地说：“太好了，我家变得又宽又大，还很安静呢！”

佛心道智

“心静则凉，心静则宽。”生活不可能是十全十美的，而且往往烦恼会很多。这时就需要学会自我调节，比上不足，比下有余。只有学会享受生活，看淡烦恼，才有情趣欣赏世界可爱的一面，体会别人的人情道义和善良，才会有机会享受真正属于自己的人生。

18. 寻找幸福

有一个人千里迢迢地来到佛祖面前，对佛祖说：“我寻找幸福很多年了，背井离乡，到处找它。有人说它在山顶的凉风中、在沙漠的绿洲里、在禅院的宁静中、在贫民窟的笑声里。”

佛祖问：“你找到了吗？”

“我一直没有找到。”这人答道。

佛祖没有回答他的话，只是静静地望着远方。

这时，湛蓝的天空铺着七色的彩霞，美丽的鸟儿在树上尽情地歌唱，夕阳闪烁的金光照射着绿茵茵的草地，孩子们在草地上尽情地玩耍……

这人依然沮丧着，愁容满面。

过了一会儿，他颓废地离开佛祖，又到别处寻找幸福了。

佛心道智

我们往往煞费苦心地去寻找幸福、寻找真理，殊不知，它们就在我们身边。其实，我们周围的欢声笑语、行云流水、花草树木，从不间断地向我们诉说着人间的幸福和宇宙的真理。

19. 漏掉的水

年轻人跋山涉水去寻找生活的真正意义，他总觉得自己的付出得不到回报，把大好的青春都浪费了。

年轻人来到一座山下，看见一位法师往山上挑水，并且他还发现法师的两只水桶漏水，虽然漏得不多，但一路上滴滴答答也要失去半桶。年轻人不解地问道：“禅师，你的桶为什么不修理一下？这样漏水多浪费啊！”

“你放心，所有的热情都不会浪费，更何况我洒的是珍贵的水。”法师微笑着说。

半年后，当年轻人身心疲惫地返回，又走在山下的路上时，他的眼睛一亮：原来，法师走过的地方开满了鲜艳的花朵。

佛心道智

"有心栽花花不开，无心插柳柳成荫。"事实就是这样的，只要你付出了，一定会有收获，也许事情往往与本意相违，但我们收获的往往会让人出乎意料。我们收获的有成功的果实，也会有挫折的宝贵经验。不管成功与否，每个人都是在成与败的经历中成长起来的。

20．挑战禅师

有一个年轻人自诩才智过人，一向为此深感扬扬自得。这个年轻人在偶然的机会里，听到某地有一位颇负盛名的禅师，便不惜长途跋涉，来到禅师的住处，虽口中称想要谦虚地向禅师讨教，请求禅师传授智慧，但实则是想要展露自己非凡的才华，妄想挑战禅师的盛名与权威。

充满智慧的禅师，当然胸中明了年轻人的来意，当下亦不予说破，只是淡淡地笑着并出了一道简单的题目，请年轻人回答。

禅师所出的题目是：有两个小孩一起相约打扫烟囱，工作结束之后，甲小孩的脸上被烟囱的煤灰弄得奇脏无比；乙小孩的脸上，则是干净如常，连一点儿煤烟都没有。这两个小孩当中，哪一个会去洗脸?

年轻人毫不犹豫地便回答："当然是乙小孩，他看到甲的脸上那么脏，心想，自己的脸上一定也和他的一样脏，所以乙小孩一定会马上洗脸。"

禅师缓缓地摇头，微笑道："不对。"

年轻人迟疑了一会儿，又辩白道："难道会是甲小孩？他从乙小孩的眼瞳当中，看到了自己的倒影，知道自己的脸上很脏，所以——"

禅师还是摇头，沉着地说："还是不对。"

年轻人满腹的自信在此刻完全被击垮，他讷讷地问道："那么，敢问大师，是他们俩一起去洗脸吗？"

禅师依然摇着头，说道："这也不是答案。问题的重点在于，两个小孩一起去打扫烟囱时，不可能只有一个人脸上弄脏，两个小孩的脸上应该都有煤烟。题目本身就出错了，其中大有问题。从你的回答当中，可以看到你对问题未能做通盘了解，更能够清楚地看到，你对许多事物欠缺深谋远虑。"

年轻人愣在当场，沉思了许久，终于又抬起头来，羞愧地对禅师道："我知道自己的肤浅之处了，请大师教诲。"

佛心道智

看来真理确实往往只掌握在少数人手中，而且智慧之人与平庸之人确实存在差距。知识并不就是智慧，许多人知道很多事情，但却是更大的愚蠢者。只有知道怎样去运用知识，才是有智慧的人。

21．沉重的篓子

一个人觉得生活很沉重，便去见佛祖，寻求解脱之法。佛祖给他一个篓子背在肩上，指着一条沙砾路说："你每走一步就捡一块石头放进去，看看有什么感觉。"

年轻人按照佛祖说的去做了，佛祖便到路的尽头等他。

过了一会儿，年轻人走到了路的尽头，佛祖问他感觉怎么样。年轻人说："越来越觉得沉重。"

佛祖说："这也就是你为什么感觉生活越来越沉重的道理。当我们来到这个世界上时，我们每人都背着一个空篓子。然而我们每走一步都要从这世界上捡一样东西放进去，所以才有了越走越累的感觉。"

年轻人问："有什么办法可以减轻这沉重吗？"

佛祖问他："那么你愿意把工作、爱情、家庭、友谊哪一样拿出来呢？"

年轻人不语，沉思片刻后，顿悟离去。

佛心道智

凡事要从积极的角度去考虑，沉重的篓子里不仅有责任和压力，更有快乐和幸福，既然不能放弃，那么就选择坚强和乐观。

22．富人分银

佛祖坐在山上，给门徒们讲了一个故事。

故事的主人公是一个富人，他要出门到远方去。临行前，他把三个儿子召集起来，按照各人的德才，分给他们银子。

后来，这个富人回来了，就把儿子们叫到身边，了解他们经商的情况。

大儿子说："父亲，你交给我五千两银子，我已用它赚了五千两。"

富人听了很高兴，赞赏地说："好，你既然在赚钱的事上对我很忠诚，又这样有才能，我将把更重要的事派给你去做。"

二儿子接着说："父亲，你交给我两千两银子，我已用它赚了两千两。"

富人也很高兴，赞赏这个儿子说："我可以把一些事交给你管理。"

三儿子来到父亲面前，打开包得整整齐齐的手绢说："父亲，看哪，您的一千两银子还在这里。我把它埋在地里，听说您回来，就把它挖了出来。"

富人的脸色沉了下来，说："你这又蠢又懒的废物，你浪费了我的钱。"

于是他拿回这一千两银子，给了其他两个儿子，并说："凡是赚到银子的还要给他更多；没有赚到的，连他所有的也要收回来。"

佛心道智

钱是用来花销、流动、换取自己生活必需品的。如果放着不动，那它们与一堆废纸无异。用财富去创造财富，就如同学习一样，不进则退。没赚到钱，就等于贬了值。

23. 以水为师

一个年轻人，终日觉得自己过得十分不快乐。周围的友人看到他的这种情形，都十分热心地提供许多快乐秘方，或是推荐知名的心理医生，希望能改善年轻人的心情，但均未能奏效。

经过好长时间的折腾，年轻人对自己的忧郁症状已然绝望，索性放弃寻访名医，找了一处山，打算将自己放逐于山野之间，就此终老一生。一日，正当这个年轻人皱着眉头沿着一道山涧踱步，双眼的余光蓦然发现有位中年和尚坐在溪水中的一块石头上。

“在这人迹罕至的深山里，怎么还会有其他人呢？”年轻人诧异地打量着那个中年和尚，这一看之下，使得年轻人更是惊奇不已。他发现坐在溪中石头上的和尚，眉宇之间充满慈爱安详的神色，眼光极其柔和地望着潺潺的溪水，周身上下，散发着一种令人感觉十分愉悦的非凡特质。

年轻人仔细地想了想，认为一直困惑自己的问题，或许可以从此人的身上获得答案，当下便冲口而出：“嘿！你为什么看起来是那么的喜悦？”

中年和尚丝毫没有遭到惊吓的反应，转头看了看年轻人，眼光中充满智慧地答道：“想要让自己心灵平静、获得无限快乐，先要懂得‘以水为师’……”

年轻人不懂为什么平淡无奇的水，可以发挥如此神奇的效能，接着又开口提出心中的疑问。

和尚开始告诉年轻人其中的奥秘哲思：“水，是万物的根源，充满无限生命的可能。水，不具有固定形态，随方就圆，可依任何容器改变它的外形，深谙圆融之道。水，利于万物而不居功，为善而不欲人知。水，能洁净万物，却不与之同流合污；借由三态变化，永远保持纯真本性而不变。水，看似柔弱无比，但却是大自然中最强大的力量。水，服从自然法则，哪里卑下，就往哪里去，拥有谦虚的美德。”

佛心道智

有水的地方总是让人倾心向往、心旷神怡和流连忘返。水没有固定的形状，但却能与世界上任何事物交融。水，是我们生活中不可或缺的生命之源，它看似柔弱，却也能动人心魄。水，洗尽天下万物，却保持纯真不变。水，是大自然赋予人类最珍贵的礼物和最伟大的榜样。

24．空想与脚踏实地

一位天文学家每天晚上外出观察星象。

一天晚上，他在市郊慢慢前行时，不小心掉进一口枯井里。他大声呼救。

正巧一个过路的和尚听见了，急忙赶过来救他。和尚看见天文学家的狼狈样，不禁感叹道："施主，你只顾探索天上的奥秘，怎么连眼前的普通事物也视而不见了？"

佛心道智

在现实生活中，每个人都不要空想一些不切实际的东西，而应该脚踏实地地去做好每一件事。

25．沉默是金

有一座寺院，很小，只有一个看门的小沙弥。但香火很旺，来求愿的人很多。小沙弥看着住持每天应接不暇，就自告奋勇地对住持说："您休息一会吧，我来代替您做。"

住持想了想，同意了。不过他提了一个条件：“当你站在这里时，不管看到什么或听到什么，都不能说话。”

这似乎是一个不成问题的问题，非常简单，小沙弥欣然答应。

每天来求愿的人的确很多，而且提出的要求五花八门，小沙弥惊奇万分，但都忍着不说。

直到有一天，先是来了个富翁，求富贵的，走时将一袋钱币遗失在寺院里。接着进来的是一个穷人，他的一家四口处于饥饿之中，来求住持救助。当他站起身时，意外地发现了这袋钱，大喜而泣。当那个穷人拎起钱袋跑了后，又进来一个年轻人，年轻人要出海远航，特来祈求平安。正祈祷着，那个丢了钱的富翁匆匆跑回来了，一口咬定是他捡了钱，抓住年轻人不肯放手……在两人闹得不可开交之际，小沙弥憋不住开口了……

不消说，富翁立即跑出去找那个穷人，而年轻人匆匆起身去赶那班船。当他们都走后，住持气愤地站起来对小沙弥说道：“谁让你说话的？你给我出去。”

小沙弥也很气愤：“难道我说的不是真相吗？”

住持说：“那个富人的银子本来就应丢失，那个穷人一家都快饿死了，那袋钱本可救这一家子；而最可怜的是那位年轻人，本来再纠缠一会，他就晚点了，现在，他乘坐的那只船正在沉没……”

佛心道智

俗话说：“饭可以多吃，话不能乱说。”所以古代贵为君主的皇上才会“一言九鼎”，江湖豪杰才会“君子一言，驷马难追”。上天赋予人一张能说会道的嘴，但也赋予了人一对只进不出的耳朵，所以很多时候，多说实在不如多听啊！

26．鞋带开了

有一位大师上场诵佛前，他的弟子告诉他鞋带松了。大师点头致谢，蹲下来仔细系好。等到弟子转身后，他又蹲下来将鞋带解松。

有个旁观者看到了这一切，不解地问：“大师，您为什么又要将鞋带解松呢？”

大师回答道：“他能细心地发现我的鞋带松了，并且热心地告诉我，我一定要保护他这种热情的积极性，及时地给他鼓励。至于为什么要将鞋带解开，将来会有更多的机会教他，可以等到下一次再说啊。”

佛心道智

世上没有坏孩子，只有没有受到良好教育的孩子。为人父母者要能面对孩子善意的多此一举说一声：“谢谢。”为人师长者能对学生好心办的坏事一笑而过，那么不光我们眼中，实际生活中也许就再也没有好孩子坏孩子、好学生坏学生之分了，因为人人都很优秀。

27．和尚解围

古代有一个和尚，听到其居住的村庄遭强盗洗劫，和尚有感平日村民们的照顾，决定要救度村民，便独自前往强盗的巢穴，结果被强盗捉了起来。

当强盗要砍他的头时，和尚说道："你们要杀我可以，但总要让我先吃饱啊，和尚死了没有人祭拜，会成孤魂野鬼的。"

强盗们心想，反正和尚也活不成了，就拿了许多鸡鸭鱼肉给和尚吃。和尚也不在意，将食物统统吃光了。

强盗看了很高兴，打从心底欢喜，心想：我们这些强盗是坏人，没想到你这和尚也是坏和尚。

和尚吃完饭后又对强盗要求："虽然我现在不会成饿死鬼，但死后还没人祭拜，你们拿纸墨砚台来，我自己写祭文自己念。"

那些强盗认为反正有好戏看，也就顺着他的意思。和尚念完祭文后，对强盗说："你们可以杀我了。"

结果强盗说："你很可爱，我们不想杀你了！"

于是和尚顺应时机说："不杀我有个条件，你们要做我的徒弟。"

结果每个强盗都欢喜地拜他为师，也平息了村庄的灾难。

佛心道智

遇到紧急情况时，我们能否像这位和尚一样机智脱身？强盗也是人，也具备人性中的各个方面。如果你幽默，他也会幽默；如果你善良，他也会善良。但是，如果你一副孬种、烂泥糊不上墙的贪生怕死样，也许反倒会激发出他作为强盗的残忍性！所以遇事要冷静，在冷静中思考，并慢慢想出对策。

28. 耕种、收获

当释迦牟尼四处云游托钵时，一个农夫诘问他：“我们耕田、播种，努力工作才有得吃，你为什么不去耕田播种，自食其力呢？”

释迦牟尼答：“是的，我也在耕种，我耕田、播种，收获而食。”

农夫不明白这话的意思，问他：“我没看到你在耕田、播种。你的锄头在哪里？你的牛在哪里？你播的是什么种？”

农夫以为，唯有实际性的肉体劳动，并生产收获的人才有食的权利，接受他人施舍过活的人是不劳而获的。

释迦牟尼回答他：“智慧是我耕田的锄头，信念是我所播的种。去除恶业，即是在我的田中耨除杂草。精进是我的牛，但行无退，但行无悲，让我们达到安乐的境地。我就是这样耕田，收获甘露之果。人亦如此耕田的话，将解脱一切苦难。”

佛心道智

知识和智慧是无形的。脑力劳动者看似简单的工作有时比体力劳动强度更大。我们往往以为未生产有形的东西，就没有权利得食，就不是奉献。这么说的话，教师、律师、医生、商人等，岂不是都没有得食的权利吗？社会需要各有分工的人来建设，做好自己本职的那一份就是尽了自己对社会最大的贡献。

29. 蚂蚁的哲学

一位居士在酷热难当的天气耕种院前的一块土地，亲手把种子撒到地里。

忽然，在菩提树的宽阔树荫下，有个幽灵的幻象出现在他面前，居士很惊讶。这个幽灵用亲切的口吻说："我是佛祖，你在这里做什么？"

"在我童年的时候，您叫我到蚂蚁窝那里去，我看到它们的所作所为，从它们那里学会了勤奋和积蓄。我从前学到什么，我现在就在做什么。"居士说。

佛祖说："你只把功课学到了一半，再到蚂蚁窝那里去一趟，还要从它们那里学会在你生命的冬天里去休息，去享受自己的贮藏。"

佛心道智

这个故事告诉我们人生有两种智慧：获得财富和享受财富。懂得前者的人不少，但懂得后者的中国人就不多了。生活的目的也包括享受你所得到的，这不是腐朽和停滞不前，而是为了让自己保持更良好的状态继续前进。

30. 不是来做杂工的

有一个青年历经千山万水来到高山上的一座寺院，请求寺院里德高望重的住持收他为徒。

住持郑重地告诉他："如果你真要拜我为师追求真道，你必须履行一些义务和责任。"

青年急切地问："我必须履行哪些义务和责任？"

"你每天必须从事扫地、打水、劈柴、扛东西、洗菜、做饭等许多工作。你可愿意？"住持说。

"我来是为了拜师学艺，不是来做杂工的。"青年丢下这句话，就离开了寺院。

佛心道智

"吃得苦中苦，方为人上人。"没有人能一步登天，任何事情都需要从基层做起。当然，正道也不是高不可攀或高深莫测的理论，它隐藏在日常的工作琐事及生活细节中。只要用心去做事，认真去体验，做杂工的过程中照样可以让你深刻体悟到高深的奥妙与意义。

31．盖佛寺

佛寺即将建造完成，主事的大师父到现场视察。一路上，大师父看见许多工人正在辛苦赶工，便上前慰问，表达感谢与祝福之意。见到第一位工人，大师父说："辛苦了！不知道您现在正在做什么呢？"

工人回答："我正在为大殿两旁的龙柱上漆。"

大师父合掌说："很好，将来所有在这大殿上成佛的人，都会向您顶礼。"

接着，大师父又以相同的话问了第二位见到的工人。

工人回答："我正在安装屋瓦。"

大师父笑道："很好，这间佛寺完成后，您将会得到很大的福报。"

问过多位工人之后，大师父遇见替工人煮饭的妇人，也问了她一样的话。妇人认真地说："我正用全部的力量在盖这座佛寺！"

大师父听了，肃然起敬："了不起！供奉在寺里的十方菩萨，都会对您礼敬。"

一旁的陪侍人员不解大师父的意思，说道："这名佣妇所做的事与盖佛寺几乎毫无关联，为何大师父会特别推崇她呢？"

大师父解释道："一座佛寺建造完成，绝非少数人之能为。其中的每一位参与者，工作分类不论上或下、繁或简，只要是尽了自己最大的心力，就该同享成果，没有功大功小的分别。像那位妇人，她虽然没有直接参与佛寺的建造，但她尽最大的努力给工人们煮饭，让工人们都吃得很饱，然后，工人们才有更多的体力来建造更完善的佛寺。你们说，像她这样一位能将生命全然投入佛寺建造的人，我怎么能不特别加以礼赞呢！”

佛心道智

赞叹摩天大楼的高耸入天时，我们不应该只把鲜花掌声献给设计师，建筑工人才是最终将梦想变成现实的人。人生在世，我们该尊敬每个在自己工作岗位上尽力的人。同样，只要我们在工作中全然尽心，让自己看得起自己，就是对生命最崇高的礼赞。

32. 耆域识草

从前，有一位神奇的居士叫耆域。他能识别药草，各种病都能治好。有时他能用一种药草治好许多病，凡天下的草，没有不被他用来治病的。

后来他死了，天下的药草一齐放声痛哭，齐声说道：“我们都能用来治病，只有耆域能认识我们。耆域死后，就再没有人能了解我们了！后世人或者用错了，或者用量多了少了，使病不能痊愈，却说我们不灵验。想到这些，所以痛哭流涕呀！”

佛心道智

“千里马常有，而伯乐不常有。”世界上永远不缺乏美，缺的只是发现美的眼睛。天下的草木皆可入药治病，只是不善于识别的人不知道它的用途而已。人人都很优秀，只是我们不善于自我发现自己的优点罢了。

33. 千万富翁

一个青年老是埋怨自己时运不济发不了财，终日愁眉不展。这天，来了一个须发俱白的老和尚，问他："年轻人，你为何不高兴？"

"我不明白为什么我总是那么穷。"青年答道。

"穷？你很富有嘛。"老和尚由衷地说。

"这从何说起？"青年问。

老和尚不正面回答，反问道："假如今天斩掉你一个手指头，给你一千元，你干不干？"

"不干！"

"斩掉你一只手，给你一万元，你干不干？"

"不干！"

"让你马上变成八十岁的老人，给你一百万元，你干不干？"

"不干！"

"让你马上死掉，给你一千万元，你干不干？"

"不干！"

"这就对了。你已经有了超过一千万元的财富了，为什么还哀叹自己贫穷呢？"老和尚笑着说。

佛心道智

不要抱怨家庭的贫寒，不要抱怨时运不济，不要怨天尤人。有一种资本是用金钱买不到的，这就是年轻。身体是一部不停运转的机器，因为年轻，它还是崭新的，只要你运用得法，就能不断地创造价值。所以不必为暂时的不得意而垂头丧气，只要不让机器闲置，成功就唾手可得。

34. 一根手指

从前，有四个举人欲赴京赶考，由于对课业准备得不是十分周全，心中难免七上八下，患得患失。四个举人聚在一起商议，决定到普陀寺去卜一卦，问问究竟这一次赶考是凶是吉。

寺里掌管占卜的和尚问明四个举人的来意，从容地面露微笑，伸出一根手指来，摇头不语。

四个举人见状，心中自是纳闷不已，但任凭他们怎么问，和尚只是神秘地说："天机不可泄露。"除此之外，再也不肯多说半个字。

大考放榜之后，四名举人当中，只有一人高中进士，其余三人皆名落孙山。他们想到当时和尚伸出的那一根手指，心中赞叹不已。消息传出之后，大家对这位和尚神准的道行佩服得五体投地，纷纷从四处赶来找他占卜。

和尚的徒弟看到这种情况，私下问师父为什么能够算得如此准确，言语之中，似乎透露出几分的不满，仿佛有怪罪师父藏私的意味。

面对徒弟的质疑，老和尚豁达地笑道："其实这当中没什么奥秘，坦白地说，我也不知道他们四个人当中谁会高中、谁会落榜。"

徒弟丝毫不肯放松，继续问："可是，你伸出那一根手指……"

和尚笑道："这其中的诀窍很简单啊！如果他们当中，有两个人高中，一根手指就是说，有一半落榜；假使有三个人高中，也就是说有一个人一定考不上；倘若全都高中了，那就是说，一个人也没有名落孙山；万一他们四个人全都落榜了，我那一根手指的意思，就是连一个人也没能考上啊！”

徒弟听了师父所说的话，低头细细思量其中的智慧。

这时和尚接着又说道：“赴京赶考，凭借的是自己的实力，算命这种东西当然做不得。你的心中相信什么，结果就会依照你所相信的那样来呈现！”

佛心道智

任何时候都不要相信算命的胡说八道，与其把自己的命运交给他人预测，不如相信自己，你相信自己能或不能，都是正确的。你认为自己能够做到，事情就会如愿成功；你认为自己不能，事情也会如你所想，难以完成。

35．玩游戏的老和尚

一个人看见一个老和尚在和一群孩子用坚果玩游戏，就取笑他是个疯子。

这位老和尚发现有人在嘲笑自己，就在路中放了一把松了弦的弓。然后，他问：“聪明人，你猜猜看，我这么做是什么意思？”

四周的人逐渐围拢过来。那人苦思了很久，也没弄明白老和尚的意思。他只好认输，向老和尚求教。

老和尚解释说：“如果你老是把弦绷得太紧，弓很容易就会折断；可是，如果你把它放松了，要使用时就能拉弓上弦了。”

佛心道智

我们在自我要求的过程中，不断地压迫自己向前，向前，再向前。过多的压力，使我们的弦始终紧绷，没有回环的余地，也许再紧一些就要断了。适当的休息，是为了更好地工作！

36. 有些事并不像它看上去那样

一个老和尚带着一个小和尚在云游中来到一个富有的人家借宿。这家人对他们非常不友好，并且拒绝让他们在舒适的卧室过夜，而是在冰冷的地下室给他们找了一个角落。当他们铺床时，老和尚发现墙上有一个洞，就顺手把它修补好了。小和尚问为什么，老和尚答道：“有些事并不像它看上去那样。”

第二晚，两人又到了一个非常贫穷的农家借宿。主人夫妇俩对客人非常热情，把仅有的一点点食物拿出来款待客人，然后又让出自己的床铺给客人，他们自己则在地上铺了些稻草睡下。

第二天一早，老和尚和小和尚发现农夫和他的妻子在哭泣，原来他们唯一的生活来源，那头奶牛死了。

小和尚看到这种情况非常愤怒，他反问老和尚为什么会这样，第一个家庭什么都有，老和尚还帮助他们修补墙洞；第二个家庭尽管如此贫穷还是热情款待客人，而老和尚却没有阻止奶牛的死亡。

“有些事并不像它看上去那样。”老和尚答道，“当我们在地下室过夜时，我从墙洞看到墙里面堆满了古代人藏于此地的金块。因为主人被贪欲所迷惑，我不愿意让他发现这些金块，所以把墙洞填上了。昨天晚上，死亡之神是来召唤农夫的妻子的，我没有办法，只好让奶牛代替了她。所以有些事并不像它看上去那样。”

佛心道智

下结论和行动前一定要三思而后行，否则就会酿成大错。即使不酿成错误，伤了大雅也不好。在生活中遇到事情要多动脑筋，不要人云亦云，更不要胡乱猜测。没有根据的联想和行动，有时甚至会伤害到自己亲爱的家人和朋友。

37. 随时、随性、随遇、随缘

正是夏天的时候，禅院的草地突然黄了一大片。

小和尚急忙对禅师说：“太难看了，快撒点草籽儿吧。”

“等天凉了再撒吧。”禅师挥挥手说，“随时。”

秋天到了，禅师拿了一包草籽儿让小和尚去撒。小和尚撒的时候，草籽儿随着秋风飘走了。小和尚高声喊：“师父，不好了，草籽儿都被风吹走了！”

“没关系，吹走的大多是空的，不能发芽的。”禅师说，“随性。”

刚撒完草籽儿，就飞来了几只小鸟啄食。小和尚急得直跺脚，叫道：“师父，不得了了，草籽儿都被小鸟吃了！”

“没关系，那么多草籽儿，小鸟是吃不完的。”禅师说，“随遇。”

夜里突然下起大雨。小和尚边喊边冲进禅房：“师父，这下全完了，草籽儿都被雨水冲走了！”

“冲到哪儿，就在哪儿发芽。”禅师说，“随缘。”

十几天过去了，院子里长出了青青的小草，到处都是。

佛心道智

俗话说：“是你的赶不走，不是你的追也没用。”生活中很多事情往往都是“有心栽花花不开，无心插柳柳成荫”。有的事情我们需要努力追求，有的事情我们则需要顺其自然。随缘适性，凡事不可太强求，对自己不要太苛刻，才是人生最妙处。

第七章

打破常规，意念便是转机

“常规”亦可视为“心牢”。当心念被框定在世俗之矩中，便会觉得前路已无，不知道该如何解脱了。其实出路只在一念之间，只要你敢于换个角度思考，便会找到打开心牢的钥匙。另辟蹊径，找到解决问题的真正法门。

1．卖财神

有个商人用石头雕刻了一个财神像，拿到集市上去卖，可是没人理会他。他为了吸引大家，就高声叫卖道："快来买呀，我这儿有财神要卖，它能给你带来金钱，还能帮你积攒财富，好机会不要错过呀！"

这时，正巧佛陀路过，就走到他面前说："施主，你所说的如果都是真的，又何必要卖呢？你自己留着不是更好吗？"

"我需要的是即得的利益，而它带给人的却很慢。"商人如是说。

佛心道智

如果我们都去庙里求佛拜神，那么试想佛神有了困难该去找谁呢？凡事都得靠自己，商人的话一语道破天机，惠众是假，获利是真。

2．大佛转身

传说矗立在佛光山那尊高耸入云的金色大佛竟然当着众多游客的面转动身躯。

消息一经传开，不知感动了多少佛门子弟，他们纷纷从四面八方涌入佛光山，欲一睹为快，抢着感应佛光的转身。

有两个对佛祖虔诚的夫妇也随人们来到这里，随着日落西山，他们渐渐地失望了，大佛一动也不曾动过，完全不理会众信徒的期盼。

离开山门的时候，太太说："我想，可能是我们的善根不够，也可能是我们的罪孽深重。要不然，别人怎么能看得见大佛转身，为什么我们就看不见呢？"

先生笑着回答："大佛之所以转身让那些游客看见，是因为大佛知道他们仍在烦恼的三界中流转，难得来到净地，为了普度他们，才展现神迹，好让他们生起正信，投身慈悲的怀抱。而我们，早就是正信护持的佛门弟子了，如果大佛还转身给我们看，不是多此一举吗？"

"你说的是有点儿道理，不过，亲眼看见或许会更好！"太太仍不死心。

先生指着地上的一群蚂蚁说："你看，我现在站在这里不动，蚂蚁可以安心地生活。如果我随便移动脚步或扭摆身体，那蚂蚁群立刻就陷入了慌乱之中。换作大佛，若是它真的应信众要求，三分钟转身一次，五分钟转身一次，那对于居住在这附近的居民而言，时时刻刻感受地震，岂不是太可怕了？真正的大佛转身，应该是转在我们的心里才对，唯有让我们心里的那尊大佛转身，才是我们最需要的神迹呀！"

佛心道智

大佛转身犹如"奇货可居"。要是放在现在，无孔不入的商人大概不会放过这个赚大钱的机会。

劝告那些等人恩泽的年轻人，与其期待"大佛转身"的神迹，不如创造自己的事迹，当世界因你的努力而变得更好，你就是世人心目中转身的大佛。

3. 温暖的“心愿石”

有个年轻人，想发财想到几乎发疯的地步。每每听到哪里有财路他便不辞劳苦地去寻找。

有一天，他听说附近深山中有位白发禅师，若有缘与他见面，则有求必应，肯定不会空手而归。于是，那年轻人便连夜收拾行李，赶上山去。

他在那儿苦等了五天，终于见到了传说中的禅师。他向禅师请求，赐珠宝给他。禅师便告诉他说：“每天早晨，太阳未东升时，你到村外的沙滩上寻找一粒‘心愿石’。那颗‘心愿石’与众不同，握在手里，你会感觉到很温暖而且它会发光。一旦你寻到那颗‘心愿石’后，你所祈祷的东西都可以实现了。”年轻人很感激禅师，便赶快回村去。

每天清晨，那年轻人便在沙滩上捡石头，发觉不温暖也不发光的，他便丢下海去。日复一日，月复一月，那年轻人在沙滩上寻找了大半年，始终也没找到温暖发光的“心愿石”。

有一天，他如往常一样，在沙滩上捡石头。一发觉不是“心愿石”，他便丢下海去，一粒、二粒、三粒……

突然，“哇……”年轻人哭了起来，因为他刚才习惯地将那颗“心愿石”随手丢下海去后，才发觉它是“温暖”的！

佛心道智

习惯真的是个很可怕的东西。它会将我们的理想、激情和斗志在不知不觉中腐蚀殆尽。因为习惯，我们放弃了许多发现的机会，当一切都熟视无睹的时候，我们不仅仅遗失了思想，更放过了许多成功的机遇。

4．分粥

有七个和尚曾经住在一起，每天分一大桶粥。要命的是，粥每天都是不够的。

一开始，他们抓阄决定谁来分粥，每天轮一个。于是乎每周下来，他们只有一天是饱的，就是自己分粥的那天。

后来他们推选出一个道德高尚的和尚来分粥。强权就会产生腐败，大家开始挖空心思去讨好他、贿赂他，搞得整个小团体乌烟瘴气。

然后大家开始组成三人的分粥委员会及四人的评选委员会，互相攻击扯皮下来，粥吃到嘴里时全是凉的。

最后他们想出来一个方法：轮流分粥，但分粥的人要等其他人都挑完后拿剩下的最后一碗。为不让自己吃到最少的，每个人都尽量分得平均，就算吃的是最少的一碗，也只能认了。大家快快乐乐，和和气气，日子越过越好。

佛心道智

当人们被触及自己利益的时候，才会嚷嚷着要“公平”；当付出跟自己的直接利益挂钩的时候，人们才会奋力拼搏。不过，员工自建的矛盾恰好可以反映企业存在的问题。借此机会，一次性整顿成功，岂不是更好！

5．万法皆一

龙潭崇信禅师未出家前非常穷困，在道悟禅师寺旁，摆一个卖饼的摊子，连一个住处也没有。道悟禅师可怜他穷苦，就将寺中一间小屋让给他住。崇信为了感恩，就每天送五个饼给道悟禅师。道悟禅师收下以后，每次总叫侍者拿一个还给崇信。

有一天，崇信终于向道悟禅师抗议道："饼是我送给你的，你每天还我一个，这是什么意思？"

道悟禅师温和地解释道："你能每天送我五个，为什么我不能每天还你一个？"

崇信不服气地抗辩道："我既能送你五个，又怎么会在乎你还我一个？"

道悟禅师哈哈笑道："五个我都没有嫌多，一个你还嫌少？"

崇信听后，似有所悟，便决心请求道悟禅师为其剃度，准他出家。

道悟禅师说道："一生十，十生百，乃至能生千万，诸法皆从一而生。"

崇信自信地应道："一生万法，万法皆一！"

道悟禅师为其剃度，后在龙潭庵居住，世称龙潭崇信禅师。

佛心道智

不要在意自己付出的多，不要在意对方回报的少，如果在意无望的回报而给自己带来无限的痛苦，反而给被资助的一方带来困扰，那当初这个忙就应该不帮的好。

6．听师父的话

一位禅师派他的三个徒弟去远方。他把他们送到路口，吩咐他们说：“从这儿往北都是通畅的大路，沿着这条大路走，不要走岔路。”

三个徒弟把师父的话铭记心中，然后辞别师父，沿着大路往北走。他们走了大约一百公里，发现有条河横在面前，沿河往西走半里就有一座桥。其中一位徒弟说：“我们向西走半公里路，从桥上过吧。”

其他二位皱着眉头说：“师父让我们一直往北走，我们怎能走弯路？”

说完，他们三个互相扶着涉水而去。

过了河，又走了大约一百公里，有一堵墙挡住去路。其中一位又说：“我们绕过去吧。”

另外两位仍坚持说：“师父教导我们无往不胜。我们怎能违背师父的话？”

于是迎墙前进，“砰”的一声，三人碰倒在墙下。三人爬起来还互相勉励：“与其违背师父苟且偷生，不如遵从师命而死。”然后又互相搀扶，向墙上撞去……

佛心道智

既然师父什么都告诉你们了，那你们干脆什么都不要做了。既然做的都是师父说的，连生活的主动权自己都放弃了，那自己苟活还有什么意思。迂腐不知灵活变通者，不仅可笑，而且可悲。

7．有智慧的人

一座山上住着一位很有智慧的和尚，山下的村里有什么疑难问题，村民们都上山来向他请教。村民们说没有任何事情能难住老人家。

有一个聪明又调皮的孩子想故意为难那位和尚，他捉住了一只小鸟，握在手中，跑去问和尚："大和尚，听说您是最有智慧的人，但我却不相信。假如您能猜出我手中的鸟是活的还是死的，我就相信了。"

和尚注视着小孩子狡黠的眼睛，心中有数。假如自己回答小鸟是活的，小孩会暗中加劲把小鸟掐死；假如回答小鸟是死的，小孩定会张开手让小鸟飞走。

和尚拍拍小孩的肩膀说："这只小鸟的死活，就全看你的了。"

佛心道智

慈悲不光需要善良，还需要机智。一位哲人说过，人生就是一连串的抉择，每个人的前途与命运，完全掌握在自己手中，只要努力，终会有成。

8. 糖

一个小孩在一处平静地玩，这时来了一位禅师，给了小孩一块糖。于是，小孩非常高兴。

过了一会儿，禅师又问小孩要回了糖，小孩便伤心地哭了很久。

禅师想：这小孩没糖时很平静，平白无故得到糖时很高兴，等到糖又被要回时，便极度地伤心。那失去糖后，应与没得到糖时一样呀，又有什么伤心的呢！

佛心道智

生活中也许让我们伤心的事很多，让我们懊悔的事也很多。但是转过头来想一想，也许这个东西，就像这颗糖一样，原本就不属于自己。既然不属于自己的东西丢了，丢的是非己之物，那又有什么可难过悲伤的呢？

9. 时间

一个深切渴望能够早日得悟正道的和尚，发誓要到深山中苦修，希望借着山川的空灵之气，洗净自己的心境。

一天，和尚在山林中行走，边走边苦思一个经书上解不开的难题。突然他闻到了一股腥味，猛一抬头，前面的山路上，赫然有一只吊睛白额的猛虎，正要扑上前来。

和尚大吃一惊，连忙转身撒腿就跑。情急之下，他似乎跑得特别快。那只老虎在后面远远地追着，和尚越跑越快，眼看就可以脱离猛虎的威胁了。

和尚没有想到自己只顾拼命奔跑，丝毫没看清周围的环境。跑着跑着，他竟跑到了一处悬崖上。和尚仍不肯放弃最后一线希望，他快步冲向悬崖边，往下望去，心中想着，悬崖底下若是深涧，自己冒着危险纵身一跳，或许还可以侥幸逃离虎口。

悬崖底下果然是一道极深的山涧，只不过，水中隐隐约约还露出几段枯木似的东西，漂浮在山涧里。和尚仔细看了看，那些“枯木”竟然是一大群鳄鱼。

正当他思索着该如何处置眼前状况的同时，那只猛虎已经追到。它倏地往前一扑，和尚没有退路了，只能往山涧中一跳，手中却紧紧地抓着悬崖边垂下的一条树藤，就这样让自己凌空悬吊在崖边。

和尚希望凭着自己的臂力，或许还可以支持一会儿，等到老虎失去耐心离去，可能还有一线生机。

这时候，悬崖边不知从哪儿冒出一黑一白两只老鼠，竟不约而同地啃食起和尚手握的那条树藤。眼看两只老鼠再啃几下，树藤就要断了，和尚也将落入鳄鱼的口中。

和尚望着那两只老鼠，心中登时醒悟：这两只老鼠岂不象征白天与黑夜，不断地在啃食人们生命的剩余时光，而老虎、鳄鱼则是自己一直不愿去坦然面对的恐惧。在生命即将结束的这一刻，和尚终于领悟到生命中最重要的，就是要让自己活在当下。

就在这一瞬间，老虎、鳄鱼、老鼠全都不见了，和尚好端端地站在山林之中，脸上露出了笑容。

佛心道智

现在明白过来事件的重要性还为时不晚，因为我们还拥有生命。要明白：时间飞逝，如果我们不及时把握，就会错失很多良机。所以，我们要把握现在，活在当下。

10. 不知为不知

释迦牟尼在金卫国的智圆精舍时，有一个愚者站在池边凝望着水面，继而看见水中自己的倒影，就大喊救命。

附近的人闻声赶来，问是怎么回事。

愚者说："我掉到水里去了！"

"胡说什么，你现在不正好好地站在岸上吗？怎么说掉到水里了？"

"不，真的掉下水了，不信我可以指给你看。"说着愚者走到池边，指着水面说，"看，这不是掉下水了吗？"

众人一看，不禁失笑。而释迦牟尼没有笑，他慈祥地对愚者说："那不是你，是你的影子。人的影子都会映在水面上的。"

愚者听他这么一说，又惊慌失措地嚷起来："你也掉到水里了，救命呀！"

愚者终于因惊慌过度冲撞而死。

佛心道智

看来人心中的恐惧才是最可怕的致命杀手，而愚蠢则是导火索。所谓聪明人，并不是指不知以为知的人，而是指能够以谦虚的态度去正确判断情况，经过深思熟虑之后才做处理的人。

11．一座佛

一天，陆亘大夫来向南泉禅师求教。陆亘说：“弟子家中有一块大石头，它上面平平的，人既可以坐在上面，又可以睡在上面。我想把它雕刻成一座佛像，可以吗？”

南泉禅师回答说：“可以呀。”

陆亘又问：“真的可以？”

南泉回答：“不可以。”

陆亘糊涂了，于是又去请教云岩禅师。云岩说：“不坐则佛，坐则非佛。”

佛心道智

只要心中有佛，一块石就是一座佛。总之，无非就是一片佛心，一种观念。观念变，一切皆变。

12．答非所问

一个和尚从学赵州禅师，刚来不多日，便急于想从师父那里学懂禅之本意。

一日，他问赵州禅师：“何谓禅？”

赵州禅师并不直接回答，却问他：“你吃过早饭了吗？”

和尚答道：“吃过了。”

赵州禅师便对他说：“那么，你就去洗碗碟吧。”

弟子问禅，赵州禅师却让他去洗碗碟，这里面包含了禅的奥秘。

佛心道智

还不会一，就想学二。虽说现在学校里也有跳级的个别现象，但那也得脑子里“有货”才行。学习还是循序渐进的好，一口终归吃不成大胖子。

13．渔王教子

有个渔夫有着一流的捕鱼技术，被人们尊称为“渔王”。然而“渔王”年老的时候却非常苦恼，因为他的三个儿子的渔技都很平庸。

于是他就经常向人诉说心中的苦恼：“我真不明白，我捕鱼的技术这么好，我的儿子们却为什么这么差？我从他们懂事起就传授捕鱼技术给他们，从最基本的东西教起，告诉他们怎样织网最容易捕捉到鱼，怎样划船不会惊动鱼，怎样下网最容易请鱼入瓮。他们长大了，我又教他们怎样识潮汐，辨鱼汛……凡是我辛辛苦苦总结出来的经验，我都毫无保留地传授给了他们，可他们的捕鱼技术竟然赶不上技术比我差的渔民的儿子！”

一位禅师听了他的诉说后，问：“你一直手把手地教他们吗？”

“是的，为了让他们学到一流的捕鱼技术，我教得很仔细很耐心。”

渔夫答道。

“他们一直跟随着你吗？”禅师问。

“是的，为了让他们少走弯路，我一直让他们跟着我学。”渔夫答道。

禅师说：“这样说来，你的错误就很明显了。你只传授给了他们技术，却没传授给他们能力。对于才能来说，没有能力与没有经验一样，都不能使人成大器！”

佛心道智

现在的家长教育孩子同样存在这样的问题。几乎为孩子安排好了一切，孩子不用思考，只要按照家长规划好的照做就可以了。即使孩子有了自己的想法，也会很快被家长扼杀在萌芽状态。这是中国大多数家长教育的误区。其实，正确的方法应该是：既要学习技术，又要培养能力。对于才能而言，技术和能力同等重要。没有教训与没有能力一样，都不能使人成大器。

14. 完美的树叶

一位方丈想从两个徒弟中选一个做衣钵传人。

一天，方丈对两个徒弟说：“你们出去给我拣一片最完美的树叶。”两个徒弟遵命而去。

不久，大徒弟回来了，递给方丈一片并不漂亮的树叶，对师父说：“这片树叶虽然并不完美，但它是我看到的最完整的树叶。”

二徒弟在外转了半天，最终空手而归。他对师父说：“我见到了很多很多的树叶，但怎么也挑不出一片最完美的……”

最后，方丈把衣钵传给了大徒弟。

佛心道智

每个人的审美标准不同，每个人的完美观念也就不同。但是为了寻求心中最完美的一片树叶，会让你失去许许多多的机会。世间的许多不幸，正是因为人们忽视了平淡的生活。

15．一语偈

释迦牟尼有一个笨弟子名叫周利。此人头脑反应甚为迟钝，因此常被周围的人笑为“蠢蛋”。其实，他是个非常诚实的人，释迦牟尼怜惜他，特地叫他到跟前，温言谕令其背诵“守口藏意，身不犯罪，如斯而行，必得悟”一节。

他不明白背诵这一节的用意何在，释迦牟尼解释给他听：“你的年纪已不小了，能记得这一句的话，就受用不尽。这句话的意思是这样的：人的身上被三种恶缠住，即杀生、盗窃、欲邪行。人口也有四种恶，即虚诳语、离间语、粗恶语、杂秽语。此外，意念也有三恶，即贪婪、发怒、狡猾。以上合起来就称为‘十业’，能断离这十业，必得悟。”

周利听了，随即奉行不辍。不久，一切疑惑、迷惘全告消灭，终于晋于阿罗汉之列。

佛心道智

“勤能补拙。”比别人多努力一些，比别人早起步一些，或者一生只需要做一件事情，但是一定要做好它。平庸地做一百件事情，都没有尽心完美地做一件事情更能显出自己的人生意义。

16. 过河

老和尚出了一道难题，想考考小和尚们：“当你来到一条大河边上，岸边无树可伐为舟，无竹可伐为筏，无桥架于水上，无神龟浮田驮你过河，甚至你也不善泅泳，也不准施展特异功能如飞天遁地，也毫不可以借助外物和异象，比如河床忽然干涸等。如果坚持非得过河不可，你如何过得？”

众人哑然。良久，一小和尚说：“我可以仿效佛祖达摩，一苇渡江，可否？”

老和尚摇头，说：“达摩是达摩，你是你，不可。”

又有一人说：“我泅入河中，将浑身衣服湿透，然后爬上原岸，背向大河，让人以为我已过河，可否？”

老和尚又摇摇头，无可奈何地公布答案：“往上游走。”

众和尚顿悟。

佛心道智

深陷尘世太久，我们原本简单的思维已经被复杂化，这习惯性的复杂思维模式会僵化我们的头脑。1+1就是等于2，没有必要担心是不是会有其他意外的答案，把心情放轻松，生活才能快乐。

17．佛理教化

有一次佛陀问弟子：“未曾受过佛理教化的人，会遇到快乐或痛苦的感受，也会遇到非苦非乐的感受；受过佛理熏陶的人，也同样会遇到这些感受。如此说来，听过佛理与未听过佛理的人，他们的差别何在呢？”

弟子们回答说：“我们所学习的皆是以佛陀为主，但愿佛陀能够做我们的眼目，给予我们正确的启示。”

佛陀就告诉弟子们说：“未曾受过佛理教化的人，遇到痛苦的感受，就万分地悲痛，越来越迷惑，越来越恐怖，就好像中了一支箭之后，又中了第二支箭，感觉越来越痛苦。但是，受过佛理熏习的人，若是遇到痛苦的事情，绝对不会只是悲痛，不会自己乱了手脚，所以我说，‘不受第二支箭的痛苦。’”

佛心道智

我们生了病，肉体上的痛苦，就好像中了第一支箭，倘若我们再自寻烦恼，操心这个、埋怨那个，如此则第二支箭、第三支箭乃至第四支箭、第五支箭就不断地射过来，就会使我们更加地痛苦，使我们的身心更加混乱，从而无法解决任何问题。

18. 肚饿所食皆美味

一位中国和尚旅行美洲，进餐时，一位美国人问他：“‘无’是什么？”

仓促之间要简单说明这个形而上学的问题实非易事。

这位和尚踌躇了一下，端起满碗米饭，缓缓吃尽，期间他没吃一口菜。然后说：“承蒙款待。”并行了个礼，让翻译告诉对方：“肚饿所食皆美味。”

美国人一听此语，笑逐颜开，拍手称好。

佛心道智

饮食一向是中国人之大事。因为我们曾经“饿”得太久了，所以我们见面打招呼都是：“吃了没有？”以西方人的观点来看，他们所着眼的是该如何去提高食物的营养价值，或该吃些什么才好。所以和尚所言“肚饿所食皆美味”对他们而言就是个崭新的观点，对他们来说不管多么美味的东西，只要吃得过多，不但美味尽失，反而会破坏肠胃，带来痛苦。

19．和尚不睦

三个和尚来到一座破庙，这座庙看上去已经破败很久了。

和尚甲说：“必是和尚不虔，因此菩萨不灵，所以寺庙荒废了。”

和尚丙说：“必是和尚不勤，因此庙产不修，所以寺庙荒废了。”

和尚丙说：“必是和尚不敬，因此香客不多，所以寺庙荒废了。”

三人争执不下，决定留下来，按照自己的说法去做，看最后谁能成功。

于是和尚甲礼经念佛，和尚乙整理庙务，和尚丙勤出化缘。一年后，原来的庙宇果然恢复了旧观，香火也渐渐地旺盛起来。

和尚甲说：“一定是我礼佛虔诚，所以菩萨显灵。”

和尚乙说：“一定是我勤加管理，所以庙务周全。”

和尚丙说：“一定是我劝世化缘，所以香客众多。”

他们就这样争来争去，不久，庙宇的盛况又消失了。

最后，他们总算得出一致的结论：庙宇的荒废，缘由就是和尚不睦。

佛心道智

社会各有分工，人要各司其职。一个人想成就一番事业，最重要的就是凝聚人心。一个企业中，如果人心所向，众志成城，即使是艰难困苦，也能创造奇迹；如果人心向背，就是如来佛祖，也会无力回天。

20. 忙着砍树

年轻的伐木工人第一天砍了十棵树，他的斧头锐利，而且他身强力壮、精神奕奕。

第二天，他一样地努力工作，事实上，他觉得他比第一天工作更努力，但是只砍了八棵树。明天，他要早一点开始，所以他提早上床睡觉。

到了第三天，他尽全力地工作，但是只砍了七棵树；又过了一天，数目减少为五棵树。

到了第五天，他只能砍倒三棵树，而且在黄昏之前就觉得筋疲力尽。

第六天早上，他正在费力砍树的时候，一个老和尚经过，问他："你为什么不停下来磨一磨斧头呢？"

他回答："没时间，我正忙着砍树。"

佛心道智

俗话说得好，"磨刀不误砍柴工"，不要一味埋头赶路，时不时要抬头看看自己行进的方向，方向错了，走得越快就离目标越远。在大多数人的一生中，总有某些时候曾经像这个伐木工人一样，因为过于沉溺于一个活动，而忘了应该采取必要的步骤使工作更简单、快速。

21. 踩冰淇淋的快乐

小男孩高兴地拿着一个大蛋卷冰淇淋，一边走一边吃，好不快活。忽然，他不小心将整个可口的冰淇淋掉到了地上，散成一片。

小男孩呆在那里不知所措，甚至哭不出来，只是睁大眼睛看着散了一地的冰淇淋。

这时有个云游和尚走过来，对小男孩说："好吧，既然你遇到这么坏的遭遇，脱下鞋子，我给你说一件有意思的事情。"

和尚接着说："用脚踩冰淇淋，重重地踩，看冰淇淋从你脚趾缝隙中冒出来。"

小男孩照着他的话做了。

和尚高兴地笑："我敢打赌，这里没有一个孩子尝过脚踩冰淇淋的滋味。现在跑回家去，把这有趣的经历告诉你妈妈。要记住，不管遭遇什么，你总可以在其中找到乐趣。"

佛心道智

"失之东隅，收之桑榆。"与其痛惜冰淇淋掉落，不如将之转换为自己的快乐。如果你的心已被尘世迷蒙太久，那不妨以孩子的心态去快乐地对待自己的生活、工作。创新和发展有时候就来自不同寻常和看似不合理。

22．懒得弯腰

佛祖带着一个小徒弟远行，路上看到一块马蹄铁，徒弟懒得弯腰，而佛祖弯腰将它捡起。

后来佛祖用马蹄铁换的钱买了十颗樱桃，在走过荒野的时候，佛祖掉下一颗樱桃，干渴的小徒弟立刻弯腰捡起吃掉，佛祖又掉下一颗樱桃，小徒弟又弯腰捡起吃掉……这样，小徒弟狼狈地弯了十次腰。

佛祖笑着对小徒弟说："要是你此前弯一次腰，就不会在后来没完没了地弯腰。"

佛心道智

人生就是这样，该弯腰时得弯腰，要先弯腰再挺直腰板，逞一时之强，只会遭一世之殃！

23．垂钓者

一个年轻人在海边钓鱼，奇怪的是坐在他旁边的人不断有鱼上钩，而他一整天都没钓到一条鱼。他很沮丧。

这时，一个禅师路过这里，看着年轻人烦躁的样子，反而笑了。

年轻人非常惊讶，就问：“你为什么对我笑？”

禅师说：“年轻人，虽然我没钓过鱼，但我知道钓鱼的时候，应只知道有自己不知道有鱼，不但手不动、眼不眨，似乎连心也静得没有跳动，令鱼儿也不知道你的存在，所以鱼才能咬钩。而你心里只想着鱼吃你的饵没有，没有鱼上钩，心情就烦乱不安，鱼不让你吓走才怪。所以，你怎么能钓到鱼呢？”

佛心道智

一个人能明确知道自己的短处，胜算才多；只看到别人的成就，而不知他人背后成功的原因，这就已经在气势上输掉了一半。若此时仍不知检讨，一味灰心丧气，嫉妒或自怨自艾，那就输定了。

24．意念便是转机

有两个人从乡下来到城市，几经磨难，终于赚了很多钱。后来他们年纪大了，就决定回乡下安享晚年。在他们回乡的路上，佛祖装扮成一位白衣老者，手拿一面铜锣，在那里等他们。

他们说：“您在这做什么？”

佛祖说：“我是专门帮人敲最后一声铜锣的人。你们两个都只剩下七天的生命，到第七天黄昏的时候，我会拿着铜锣到你们家的门外敲，你们一听到锣声，生命就结束了。”

讲完后，佛祖便消失不见了。

这两个人一听就愣住了：在城市里辛苦了那么多年，赚了这么多钱，要回来享福，没想到却只剩下七天好活的日子了。

两人各自回家后，第一个人从此不吃不喝，每天心想：怎么办？只剩几天可活！他就这样垂头丧气，面如死灰，什么事也不做，只记得那个老人要来敲铜锣。他一直等，等到第七天的黄昏，整个人已如泄了气的皮球。

终于，那个老人来了，拿着铜锣站在他的门外，“锵”地敲了一声。一听到锣声，他就立刻倒下去，死了。

为什么呢？因为他一直在等这一声，等到了，也就死了。

第二个人心想：太可惜了！我赚了那么多钱，只剩下几天可活。我自小就离家，从没为家乡做过什么，我应该把这些钱拿出来，分给家乡所有苦难和需要帮助的人。

于是，他把所有的钱都分给了穷苦的人，又铺路又造桥，光是处理这些就让他忙得不得了，哪还记得七天以后的铜锣声。

到了第七天，他才把所有的财产散光了。村民们都很感谢他，于是就请了铜鼓戏到他家门口来庆祝。场面非常热闹，舞龙舞狮，又放鞭炮，又放烟火。

到了第七天黄昏，那个老人依约出现，在他家门外敲铜锣，敲了好几声铜锣，可是他根本没听到。佛祖知道再怎么敲也没用，便只好走了。

这个人过了好多天才想起那个老人要来敲锣的事，心里还纳闷：怎么他失约了？

佛心道智

“哀莫大于心死。”当一个人处于心死绝望的时候，那谁都拯救不了他。但是如果他能积极与命运抗争，展现自己积极乐观的一面，承担眼前的一刻，不再担心以后的事情，就不必怕哪一天铜锣会响，也不必特别去听那一声铜锣的声音。

25．背过河

有一天，两个和尚结伴从一座庙走到另一座庙去。走到半路，他们突然被一条河挡住了去路。这条河上没有桥，水并不太深，他们决定涉水而过。

正在这时，一位貌美的妇人也来到河边，她说有急事必须过河，可是又怕河水把自己冲走。

第一个和尚见此情景，毫不犹豫地背起妇人，涉水过河，把她安全地送到了对岸。第二个和尚跟在后面也顺利地过了河。

两个和尚默不作声地继续赶路。

又走了好几里路，第二个和尚终于憋不住了，突然对第一个和尚说：“师兄，我们和尚绝不能近女色的，刚才你为何犯戒背着那个妇人过河呢？”

第一个和尚淡淡地回答：“我一过河就把她放下来了，怎么你走了好几里路，到现在还惦记着她呢！”

佛心道智

身正不怕影子斜。人家已经早放下了，你还惦记着，还怪人家搅乱了你的心智，真是庸人自扰。佛家主张慈悲为怀，只要心中有佛，那么就不要计较帮助人的方式了。

26．珠宝与石头

有一个生长在孤儿院中的小男孩，非常悲观。一天，他来到一座寺院，求教长老："像我这样没人要的孩子，活着究竟有什么意思呢？"

长老笑而不答。

一天，长老交给小男孩一块石头，说："明天早上，你拿这块石头到市场上去卖，但不真卖。记住，无论别人出多少钱，绝对不能卖。"

第二天，小男孩拿着石头蹲在市场的角落，意外地发现有不少人好奇地对他的石头感兴趣，而且价钱越出越高。回到院内，小男孩兴奋地向长老报告，长老笑笑，要他明天到玉石市场去卖。

在玉石市场上，有人出比昨天高十倍的价钱来买这块石头。

最后，长老叫小男孩把石头拿到宝石市场上去展示。结果，石头的身价又涨了十倍，更由于怎么都不卖，竟被传扬为"稀世珍宝"。

小男孩兴冲冲地捧着石头回来，把这一切告诉长老，并问为什么会这样。

长老望着小男孩慢慢说道："生命的价值就像这块石头一样，在不同的环境下就会有不同的意义。一块不起眼的石头，由于你的珍惜、惜售而提升了它的价值，竟被传为稀世珍宝。你不就像这块石头一样吗？只要自己看重自己，自我珍惜，生命就有意义，有价值。"

佛心道智

自己把自己看成什么样，别人就会把你看成什么样。自己把自己不当回事，别人会更瞧不起你。生命掌握在自己手中，生命的价值首先取决于你自己的态度，珍惜独一无二的你自己，珍惜这短暂的几十年光阴，然后再去不断充实、发掘自己，最后，世界才会认同你的价值。

27．只需要耐心

一次，佛陀经过一片森林，那一天非常炎热，而且是日正当午，他觉得口渴，就告诉侍者阿难：“我们不久前曾跨过一条小溪，你回去帮我取一些水来。”

阿难回头去找那条小溪，但小溪实在太小了，有一些车子经过，溪水被弄得很污浊，水不能喝了。

于是阿难回来告诉佛陀：“那小溪的水已变得很脏而不能喝了，我们继续向前走，我知道有一条河离这儿才几里路。”

佛陀说：“不，你还是回到刚才那条小溪去。”

阿难表面遵从，但内心并不服气，他认为水那么脏，只是浪费时间白跑一趟而已。他走了一半路，又跑回来说：“您为什么要坚持？”

佛陀不加解释，语气坚决地说：“你再去。”

阿难只好遵从。

当他再来到那条溪流旁时，那溪水就像它原来那么清澈、纯净，泥沙已经流走了。阿难笑了，提着水跳着舞回来，拜在佛陀脚下说：“师父，您给我上了伟大的一课，没有什么东西是永恒的，只需要耐心。”

佛心道智

世界万物没有一时不处在变化中。永恒只是相对的，一切都是暂时的，一切都会成为过去，包括幸福和苦难、聚散。用发展的眼光去看待一切事物，在人世间就会处之坦然。

28．走出沙漠的和尚

在一个村子里，被沙漠围困的村民守着一片绿洲过了几千年。他们总是试图走出去，但总是又回到原地，因此他们认为这片沙漠是走不出去的。

一天，村里一位鹤发童颜的老和尚决定出去云游，人们围住他不断地劝说他不要冒险。他们说：“这片沙漠你是走不出去的，我们祖祖辈辈都没有走出去过。”

可是，云游和尚没有相信他们的话，他默默地出发了。在沙漠里没有方向无疑是死路一条，他白天休息，晚上看北斗星走。有了方向，走出沙漠就成了简单的事情。三天三夜，他终于走出去了。

佛心道智

故步自封比盲目冲撞更可怕。冲撞也有碰对的机会，但是闭塞永远没有出头之日。在工作中，最大的忌讳是不讲方法，照本宣科。工作缺乏创新，养成了人们思维的惰性，企业自然问题多多，甚至岌岌可危。

29. 泥路上的脚印

鉴真大师刚刚遁入空门时，寺里的住持让他做个谁都不愿做的行脚僧。

有一天，已日上三竿了，鉴真依旧大睡不起。住持很奇怪，推开鉴真的房门，只见床边堆了一大堆破破烂烂的鞋子。住持很奇怪，于是叫醒鉴真问："你今天不外出化缘，堆这么一堆破鞋子干什么？"

鉴真打了个哈欠说："别人一年都穿不破一双鞋子，我刚剃度一年多，就穿烂了这么多的鞋子。"

住持一听就明白了，微微一笑说："昨天夜里刚落了一场雨，你随我到寺前的路上走走吧。"

寺前是一座黄土坡，由于刚下过雨，路面泥泞不堪。

住持拍着鉴真的肩膀说："你是愿意做一天和尚撞一天钟，还是想做一个能光大佛法的名僧？"

鉴真回答说："当然想做光大佛法的名僧。"

住持捻须一笑，接着问："你昨天是否在这条路上走过？"

鉴真说："当然。"

住持问："你能找到自己的脚印吗？"

鉴真十分不解地说："昨天这路又干又硬，哪里能找到自己的脚印？"

住持又笑笑说："今天再在这路上走一趟，你能找到你的脚印吗？"

鉴真说："当然能了。"

住持笑着没有再说话，只是看着鉴真。鉴真愣了一下，然后马上明白了住持的教诲，瞬间开悟了。

佛心道智

水滴石穿，功夫在脚下。泥泞的路才能留下脚印，不经历风雨，怎能见彩虹。那些一生碌碌无为的人，就像一双脚踩在又平坦又坚硬的大路上，什么也没有留下。只有那些在风雨中走过的人，才知道成功的来之不易和获得成功之后的快乐心情。

30. 虚掩的门

一天，佛陀叮嘱所有徒弟："谁也不许走进二楼那个虚掩着门的房间。"

在这座寺院里，徒弟们都已经习惯了服从，大家牢牢记住了佛陀的吩咐，谁也不问为什么，谁也不去那个房间。

一年后，寺院里来了几个年轻人，其中有一个十二岁的孩子。佛陀又向这些人重复了一遍。这时，那个孩子在下面小声嘀咕了一句："为什么？"

佛陀看了他一眼，满脸严肃地说："不为什么。"

回到住处，孩子的脑子里还在不停地闪现着那个神秘的房间，难道有什么重要的武功秘籍存放在那里？为什么要有这样的吩咐？他还是决定去看个究竟。

其他人都劝他不要去，如果让师父知道了，会被逐出师门的。但孩子没有听从。

他来到门前，轻轻地叩门，没有人应声。他随手一推，门开了。房间里只有一张桌子，桌子上放着一张纸条，上面用黑笔写着几个大字：把这张纸条给佛陀。

他很失望，但既然做了，就做到底，他拿着纸条去了佛陀的房间。当他出来时，不但没有被逐出师门，反而被佛陀收为亲传的关门弟子。

后来，佛陀向大家解释说："我收了这么多的徒弟，你们都很听话，都能按照师父的话去做，这很好。但是你们在学业上也只是照搬师父的教诲，从来没有一个人想到自己去创新。"

佛心道智

第一个吃螃蟹和西红柿的人绝对是不怕死的人。他们不仅创造了历史，而且还名垂千古。善于创新，不被条条框框所限制是一个人成功的基本条件。如果你总是吃别人嚼过的甘蔗，那你就永远也不知道甘蔗的真正滋味。

第八章

看清自己是人生头等大事

为人最难之处便是自视与自知。人心难满足，总会产生诸多妄念，欲求得到更多身外之物。可是让我们静心自省，会发现自己才是最富有的人。只有懂得自视、自知的人，才知道珍惜自己已有的“珍宝”，才能知足而长乐，才能豁达而欢颜，才能戒除嗔、贪、痴、执诸多恶念，获得心灵平静，真正得到快乐。

1. 珍惜你拥有的

定一法师所在的禅院里，总是会有些小和尚犯戒，次数多了，他决定对这些小和尚予以教诲。

这一天，刚刚做完日常佛事，僧侣们正要走出禅房时，定一法师扬手将供台上的一个瓷瓶摔了个粉碎。众弟子一下愣在那里，不知法师的这一举动，是有意为之，还是无意所致。

定一法师见这些弟子们都在以那种探询式的眼光看着自己，便语气凝重地说道："一块泥土，不知经历了多少工序，经过了多长时间的煅烧，才蜕变成珍贵的瓷瓶，被我们摆上了神圣的供桌，成为一件高贵圣洁的法器。如果我们能够好好保存，它千百年都不会损坏，甚至可以永远流传下去。如果你疏于看护，扬手之间，它就坠落于地，一文不值了。同样的道理，一个人，尤其是我们修行的人，取得了法号，悟出个境界，不是件容易事！你若不珍惜、不自律，堕落起来与地上的碎瓷瓶无异！但是，如果你能够爱惜你修得的成果，小心地爱护它、珍惜它，时刻自律，非但不会毁于一旦，而且还能不断进步。"

小和尚们忽然有所顿悟，于是合掌跪地，深表忏悔。

佛心道智

不要等失去后才后悔当初没有好好珍惜。世上没有卖后悔药的，时光更不会倒流。看似平淡的生活让人乏味，一旦让你陷入动荡与不幸中，你就会领悟到生活平静的真谛。

2．空头理论懂得再多也是枉然

禅师座下有弟子二人。

大弟子终日研读经书，博览甚广，深得佛理，每日目不斜视，埋头苦读经卷，每次同师父论及禅理，以经为据，以典为鉴，头头是道，句句在理，有时连师父也辩不过他。然而他最厌尘俗之事，但凡一切事务，一概不管不问。禅师常常提醒，只是他深信仅研读佛法，便可悟得正道，故置师父教诲于不顾，仍我行我素。

小弟子正与其相反，生平不甚喜读经书，唯以乐善好施为己任，生性慈悲，终日布施，乐此不疲。他常深入民间，解民众疾苦，为民众分忧，事无巨细，均不辞劳苦，躬身行之，每助一人，皆感十分快活。师父问其生平乐事何在，他答曰："慈悲为怀，乐善助人而已。"

禅师欲坐化之前，将住持一职交付给小弟子。旁人甚是不解，问之，禅师曰："佛源于民众，源于自然一草一木，心无生灵，只有死书，岂可把佛理悟透？心无民众，佛法懂得再多也是枉然。"

佛心道智

自信是必要的，但自负却是万万要不得的。不要总是一副天下唯我独尊的模样，这个世界永远愿意更快地接纳谦虚低调的人。理论是要与实践相结合的，空头理论除了占据脑容量和哗众取宠之外，别无他用。

3．从心领悟

马祖在怀让禅师座前修行，开始时他整天盘腿静坐，冥思苦想，希望自己能早一天修成正果。

怀让禅师感到很奇怪，便问马祖："你在这里做什么呢？"

看见师父问自己，马祖赶紧起身回答："我在坐禅，好早一天修成正果。"

怀让禅师听后，弯腰从地上拾起一块砖头，走到台阶边，俯下身便在石头上一下一下地磨了起来，神情严肃而专注。

跟在后面的马祖非常疑惑，便问怀让禅师："你这是要做什么呀？"

怀让禅师头也不回，答道："难道你看不见我在磨砖吗？"

马祖又问："你磨砖干什么用呢？"

怀让禅师说："我想把它磨成一面镜子。"

马祖说："可是砖磨得再平，也照不出人影，又怎么做镜子用呢？"

于是怀让禅师就停了下来，反问马祖说："如果砖不能磨成镜子，只是静坐又怎么能够成佛呢？"

马祖明白了师父这是在点化自己，惭愧地问道："弟子愚笨，还请师父指点，我应该怎样才能早日开悟呢？"

怀让禅师并没有正面回答他，说道："比方一个人想赶车上路，可是马在那里低着头吃草。于是他就拿起鞭子狠命地抽打马车，车子一动不动。你说是应该打车，还是应该打马呢？"

马祖终于醒悟："弟子明白了！坐禅只是成佛的一种方法，若想真正成佛，只是坐禅是没有用的，而应从心里面感悟。"

坐禅只是成佛的一种方法，若想真正成佛，只是坐禅是没有用的，而应从心里面感悟。学习也是一样，即便背过了书，如果不理解意思，只能是多浪费了背书的时间。

4．小善大道

老僧人经常在一块平坦的大岩石上打坐，俯视着一泓宁静的潭水。但是，老僧人的打坐根本不能算是打坐，因为每次就在他盘起双腿、调好坐姿的当儿，他就会瞥见有昆虫在水里无助地挣扎。于是他只好一次又一次地撑起他那老迈的躯体，将那些微小的生物送到安全的地方，才又坐回他的岩石座上。随后又起身，捧起那小生命……日复一日，似乎这便是他的禅修。

他的师兄弟们是一些虔诚的修行者，他们每天也会到那水潭附近，在岩石峡谷和山洞内独自打坐，他们终于发现自己的同伴几乎不曾安静地坐着，事实上老僧人禅坐的时间都花在捞昆虫上面了。当然，无论昆虫的大小，都是一个生命，对其施与援手是理所当然的。但是，将时间都花在这些事上面了，何来时间参禅？

师兄弟们决定帮助老僧人，让他远离这些扰乱心神的事，或许，换一个幽静的地方打坐更有利于他的禅定。

其中一位僧人劝老僧人道：“到别的地方打坐禅定，整日不受打扰，不是更能获益？这样您不就可以更快地参悟吗？如此一来，就能救度所有的众生从轮回的苦海中解脱。”

“或许您还可以闭着眼在潭边打坐，这样就见不到那些扰乱心绪的事了。”另一位僧人建议。

“您在打坐的时候不断地站起、坐下，怎能安心参悟佛理？又如何能获得深如金刚般的定力？”一位年轻的师弟质疑道。

老僧人很恭敬地听他们说完以后，向大家施礼道：“各位师兄师弟，诚如你们所说的，如果我整日坐着不动，我的禅定功夫一定会更深。但是我佛的最高教义就是普度众生，我曾一再地发愿，此生此世用来普度众生，我又怎么能够任那些无助的小生命溺死在我眼前而不顾，反而闭上眼睛、硬起心肠来祈祷并吟诵大悲观世音利他无私的心咒呢？”

佛心道智

老僧人的师兄弟们只不过是“叶公好龙”罢了。他们学佛参禅的目的真的值得我们商榷，懂得参禅真谛的只有老僧人一人。不管他自己有没有意识到这一点，他都是修行最高的那一位。

5．抓住机会

老禅师带着年轻的徒儿出庙下山化缘，归途中遇见一个饿得奄奄一息的年迈老妪。

老禅师当即命徒儿留些干粮和银两给老妪，徒儿有些不情愿，说：“我们好不容易化来的一点食物和银两，怎么能随随便便就给她呢？”

老禅师便开导他说：“生死与功德只在一念之间，这些银子和食物，对我们来说，只不过是暂时能填饱肚子罢了，而对她来说却是救命之物啊！”

徒儿似懂非懂，恭敬地答道：“师父的教诲，弟子会铭记于心，有朝一日，待弟子振兴寺庙财粮广积之时，定要救助穷苦百姓。”谁知老禅师听了却轻叹着摇了摇头，并不发话。

几年后，老禅师外出游历，临行前，他把一本经书交到徒儿手中，一句话也没有说便扬长而去。

年轻的徒儿继承师位后持庙有方，破旧的小庙不断扩建。徒儿心想：等寺庙扩建完成，一定谨遵老禅师的教诲，去广济百姓。可是当寺庙颇具规模后，他却又想：等庙宇更具规模后再济助行善吧。时光荏苒，又过了数十年，寺庙已是殿壁辉煌、良田百顷。可是，几十年来他因忙于建庙，疏于善事，最终没有做过一件有功德的事情。

临终前，徒儿突然想起老禅师留下的那本经书，当他翻开扉页，但见经书上赫然写着老禅师当年的忠告——“助人一次，胜似诵经十年。”

佛心道智

今日复明日，明日何其多。真正等到万事俱备的时候，东风未必会再来了。机会时时有，但也需要我们用心抓住；放任其自流，吃亏的只能是自己。

6．享受有缺憾的美

小和尚坐在地上哭，满地都是写了字的废纸。

“怎么了？”老和尚问。

“写不好。”小和尚负气地说。

老和尚捡起几张看了看，说：“写得不错嘛，为什么要扔掉？又为什么哭？”

“我就是觉得不好。”小和尚边哭边说，“我一直努力地练习这个字，但却总是达不到完美的境界，我还是写不好它。”

“问题是，这世界上有谁能真正做到完美呢？”老和尚拍拍小和尚说，“你什么都要完美，一点不满意，就生气，就哭，这难道就是完美吗？”

佛心道智

世上本就无完人，既然无完人，怎能有完美之事。为了完美却破坏了自己本来完美的心情，实在得不偿失啊！

7．以小我救大我

有两个和尚，结伴云游修行，途中偶遇一个人躺在路上，二人上前查看，发现此人身体极度虚弱，必须要吃些进补的食物方能救命，而他们身上的干粮全是素食。甲和尚无计可施，嘴里只是不停地念着“阿弥陀佛”；乙和尚不忍心看着病人就此等死，于是果断地出去猎取野味，然后将野味杀掉煮熟了喂病人吃，终于将病人救活了。

甲和尚见他杀生，批评他道：“佛言不可杀生，你这岂不是犯了大戒吗？”乙和尚坦然回答说：“佛之说有大我和小我之分，小我是狭义的佛，佛言众生平等说的就是这个意思；而大我乃广义的佛，特殊情况下，以小我救大我，有何不可呢？以小我度大我才正是佛欲言之理呀！”

甲和尚听了，羞愧不已。

佛心道智

看似乙和尚犯戒，其实犯戒的是甲和尚，因为他见死不救，因为他害怕惩罚。如此自私自利之人，怎能修得正果。

8．不要让情绪轻易左右你

有一个久经沙场的将军，已经厌倦战争，欲找一个远离俗世的地方修身，于是来到宗杲禅师处要求出家。他向宗杲说道："禅师！我已看破红尘，请禅师慈悲收留我出家，让我做你的弟子吧！"

宗杲禅师笑了笑，说："你有家庭，有太重的社会习气，你还不能出家，以后再说吧！"

将军坚持道："禅师！妻子、儿女、官爵我都能放下，请您即刻为我剃度吧！"

宗杲禅师说："慢慢再说吧！"说罢转身走开，不再理会。

将军一心想剃度，于是想了一个办法。这天，他起了一个大早，到寺里礼佛，宗杲禅师一见到他便问道："将军为什么这么早就来拜佛呢？"

将军用禅语诗偈说道："为除心头火，起早礼师尊。"

宗杲禅师也用偈语回道："起得那么早，不怕妻偷人？"

将军一听，非常生气，骂道："你这老怪物，讲话太伤人！"

宗杲禅师哈哈一笑道："轻轻一拨扇，性火又燃烧，如此暴躁气，怎算放得下！"

佛心道智

冲动是魔鬼，遇事退三步，也许我们就会以另一种更好的方法去处理它。一日三省自身，万不可懈怠。稍一懈怠，就会被情绪钻了空子。

9．还在泥里转

暴雨刚过，道路上一片泥泞。一个老婆婆到寺庙进香，一不小心跌进了泥坑，浑身沾满了黄泥，香火钱也掉进了泥里。她不起身，只是在泥里捞个不停。一个富人刚好坐轿从此经过，看见了这个情景，有心想去扶她，但是又怕弄脏了自己身上的衣服，于是便让仆人去把老婆婆从泥潭里扶出来，还送了一些香火钱给她。老婆婆十分感激，连忙道谢。

老婆婆来到寺门前，一个僧人看到老婆婆满身污泥，连忙避开，说道："佛门圣地，岂能玷污？还是把这一身污泥弄干净了再来吧！"

无德禅师看到了这一幕，径直走到老婆婆身边，扶她走进大殿，笑着对那个僧人说："肉身本是无常的飞灰，从无始来，向无始去，生灭都是空幻一场。"

僧人听他这样说便问道："难道连成佛的心也不存在了吗？"

无德禅师指指远处的富人，嘴角浮起一抹苦笑，说："不能舍、不能破，还在泥里转！"

那个僧人听了禅师的话，顿时感到无比惭愧，垂下了目光。

无德禅师回去便训示弟子们："舍得身躯，亲身躬行才是真佛法。身躯都不能舍弃，还谈什么得法？"

佛心道智

佛家讲求以身施舍。对富人来说，拜佛也许只是一时兴致或者沽名钓誉。不能舍、不能破，也就只能在泥里打转了。

10. 心宽路才宽

《百喻经》中有这样一则故事：有一户人家招待客人，父亲叫儿子跑去采买酒菜，谁知儿子去了好久都没回来，眼看日近中午，马上就要开饭了，还看不见儿子的影子。父亲实在等得不耐烦了，于是自己就上街去看个究竟。

他远远地看到儿子和一个人面对面地站在一座独木桥上，于是上前骂道："客人早就到了，你怎么还站在这里不回家呢？"

儿子说道："父亲，我买完酒菜刚走到桥中间，这个人走到这里，他不让我过去，我也不让他过去，所以我们两个人就耗上了，看看究竟谁让谁！"

父亲一听就蹚过河对儿子说道："好孩子，你先绕道回家把酒菜拿回去给客人吃，让爸爸来跟他对一对，看看谁让谁！"

佛心道智

退一步，大家都过去了。何必非等他人来让自己。一点小亏都不吃的人，将来只能亏越吃越大。

11．做事，不必拘泥于表面的形式

一个衣衫褴褛的人来到荣西禅师面前，向他哭诉："我家已经好几天揭不开锅了，一家人眼看就要饿死了。师父慈悲，救救我们吧，我们一家人将感激不尽，永远记着师父的恩德……"

荣西禅师面露难色，虽然他想救这家人，可是连年大旱，寺里也是吃了上顿没下顿，让他如何救这家可怜的穷苦人呢？荣西禅师一时束手无策。

突然，他看到身边的佛像，佛像身上是镀金的。于是他就毫不犹豫地攀到了佛像上，用刀将佛像上的金子刮了下来，用布包好，然后交给穷汉，说道："这些金子，你拿去卖掉，换些食物，救你的家人吧！"

那个穷人看到禅师这样，于心不忍地说道："我这是罪过呀，逼得禅师为难！"

禅师的弟子也忍不住地说道："佛祖身上的金子就是佛祖的衣服，师父怎可拿去送人！这不是冒犯佛祖吗？不是对佛祖的大不敬吗？"

荣西禅师义正词严地回答："不错，佛像上的金子便是佛祖的衣服，可是我佛慈悲，他愿意用自己身上的肉来布施众生，又何至于怜惜这一身衣服呢？普度众生，才是我佛的心愿啊！这家人眼看就要饿死了，即便把整个佛身都给了他，佛祖亦不会怪罪的。如果我这样做要入地狱的话，只要能够拯救众生，也在所不辞！"

佛心道智

如果不能救苦救难，那还要佛心何用？佛像身上的金子也是众人供养才有的，既然有了用处，该欢欢喜喜地用双手奉送才是。

12. 泥中莲花

无山禅师出身于农耕之家，他一心皈依佛门。但是在当时的日本，耕田的农民被视为贱民，连出家当和尚的资格都没有。无奈，无山法师只好假冒士族之姓，终于如愿以偿。

无山禅师刻苦修行，精通佛理，于是众僧拥戴其为住持。

举行就任仪式的那天，有个人突然从大殿中跳出来，指着法坛上的龙山，大声嘲弄道：“出身贱民的和尚如何能当住持？”

就任仪式庄严隆重，谁也没有想到会发生这样的事情，众僧都被眼前发生的事弄得不知所措。仪式被迫中断，在这种情况下，谁都不能阻止这个人说话，无不屏息噤声，暗暗为无山禅师担忧。

面对突如其来的发难，无山禅师从容地笑着回答：“泥中莲花。”

在场的人愣了一下，马上读懂了其中的禅理，无不喝彩叫好。那个刁难的人也无言以对，不得不佩服无山禅师的深湛佛法。

就任仪式继续进行，这突然的刁难并没有影响到禅师的就任，反而由于禅师的佛禅妙语，更增加了他的威信，众人更加拥护他了。

佛心道智

“王侯将相，宁有种乎？”中国历史上历代开朝皇帝大多是赤贫小子，倒是葬送掉王朝的都是受过良好教育，也受惯了锦衣玉食的“败家子”。如今社会，早无等级贵贱之分，如果终身一事无成、碌碌无为，那就检讨自己吧。

13．侍者

南阳慧忠禅师身边有个跟随了他三十多年的侍者，一直任劳任怨，忠心耿耿，所以慧忠禅师想对他加以点化，以感谢他平日对自己的照顾。

一天，慧忠禅师像往常一样喊道："侍者！"

正在煮茶的侍者听到禅师的招呼，以为慧忠禅师有什么事要他帮忙，于是立刻跑来问道："禅师！有什么事要我做吗？"

慧忠禅师说："也没有什么事。"

侍者以为自己听错了，就又回去煮茶。

过了一会儿，慧忠禅师又喊："侍者！"

侍者又跑来问是什么事。

慧忠禅师还是说："没什么事要你做。"

这样反复了几次以后，慧忠禅师喊道："佛祖！佛祖！"

侍者听到慧忠禅师这样喊，感到非常不解，走过来问道："禅师，您这是在叫谁呀？"

禅师双目盯着他，启示他道："我叫的就是你呀！"

侍者迷惑地问道："禅师，您在抬举我吗？我哪里是佛祖？我是你的侍者呀！你糊涂了吗？"

慧忠禅师看到他如此不可教化，便说道："我并不是在抬举你，只不过你太让我失望了！"

侍者感到不安，以为自己有什么事情做得不好，道："禅师，不管到什么时候，我永远是你最忠实的侍者，任何时候都不会改变！"

慧忠禅师的目光暗了下去，说道："虽然你并未辜负我，但你却辜负了你自己！我的良苦用心你完全不明白。你只承认自己是侍者，而不承认自己是佛祖。佛祖与众生哪里有什么区别？众生之所以为众生，就是因为众生不承认自己是佛祖。实在是太遗憾了！"

佛心道智

佛祖与众生哪里有什么区别？众生之所以为众生，就是因为众生不承认自己是佛祖。

14．我就是我

一个女孩未婚先孕，却又被恋人抛弃。她成天惊惶不安，无论走到哪里，总觉得有人对她指指点点。这种感觉如影随形，她实在忍受不了这种压力，于是投水自尽，可却被路人救了起来。听完她的遭遇，救她的人指点她投入佛门，以寻求心灵的解脱。

于是，女孩就去拜访禅师。禅师在听完她的叙述之后，只是让她静静打坐，别无所示。

女孩连着静坐三天，非但烦恼不除，羞辱之心反而愈加强烈。她气愤不过，以为禅师是在欺骗自己，便欲对禅师恶言相加。

"你现在想骂我，是吗？只要你再稍坐一刻，就不会有这样的念头了。"禅师的未卜先知，让她大为吃惊并心生敬意，于是她依照禅师的教示，继续打坐，浑然于物外，进入忘我之境。

不知过了多长时间，禅师轻声问道："在你尚未怀孕之前，你是谁？"

女孩怔了怔，答道："是我啊！"

禅师又问："现在你是谁？"

女孩心里的某根弦仿佛突然被拨动了一下，泪流满面道："我就是我啊！"

禅师道："是啊！你仍然是你。"

佛心道智

你就是你，何必要活在别人的眼光中。生活是自己的，为别人的话语而活，总有一天会把自己累死的，因为你总不能达到所有人的标准。看淡别人的眼光，过好自己的生活。

15．求人不如求己

一日，东坡居士前来拜访佛印禅师。

东坡居士看到殿上千手观音菩萨手持念珠，于是问道："请问禅师，观音既是菩萨，为什么还要数手里的那串念珠呢？"

佛印禅师"哦"了一声，说："她像凡间俗人一样，也在祈祷啊！"

东坡居士不解地问道："她向谁祷告呢？"

佛印禅师答道："她向观音菩萨祷告呀！"

东坡居士又追问道："她自己既然是观音菩萨，为什么要向自己祷告呢？"

佛印禅师微微一笑，说道："求人不如求己嘛！"

东坡居士也会心地大笑起来。

佛心道智

靠人不如靠己，求人不如求己。自己才能成为自己的救世主。把自己的生活全部交付给别人，是一件很可怕的事情。一个人连自己的命运都不能掌握，那活着真的就没有任何意义了。

16. 人的命运

有个人一出生就被父母请到家里来的算命先生下了定语："这个孩子的命不好，注定一生频遭挫折。"父母伤心地望着自己的孩子，深信不疑。

于是这个人就在这样的说法中长大，并且也深信关于自己"命运"的说法，他想：既然每个人都有自己的命运，那么一切都由命运来安排吧。但在他内心深处，每天都在期望着自己的生活会发生奇迹。

然而年复一年，他的生活一直是平庸的，没有辉煌和光明，只有灰暗和贫困。周围的人也说是他的命运使然。

他想：难道是自己命中注定就应该是这样的生活吗？

他带着疑问去拜访禅师。他问禅师："您说人真的有命运吗？"

"有的。"禅师回答。

他问禅师："您说真的有命，那么我的命运在哪里？是不是我的命运注定就应该是黯淡和贫穷的呢？"

禅师让他伸出他的左手，指给他看说："你看清楚了吗？这条横线叫作爱情线，这条斜线叫作事业线，另外一条竖线就是生命线。"

然后禅师让他把手紧紧地攥起来。禅师问："你回答我，这几根线现在在哪里？"

那人迷惑地说："在我的手里啊！"

禅师高声喝道："那么命运呢？命运在哪里？"

那人终于恍然大悟，原来命运是在自己的手里，而不是在别人的嘴里。

佛心道智

认命者，懦夫也；主命者，智者也。人生如一张白纸，命运是由自己画的，精彩和黯淡都掌握在自己手中。

17. 名字只是个符号而已

有位禅师德高望重，门下弟子无数，其中有一个小僧的名字叫“恶者”。由于名字不好听，小僧很苦恼，于是他想请禅师为他改一个好听的名字。

禅师听了小僧的诉说，便让他自己到外面找个最吉利的名字。

小僧非常高兴，于是出门走街串巷寻求好名字。

一次，小僧看见一群人正在为一个死者送丧，想：最好能有个听起来长寿的名字。他于是上前问道：“这死者叫什么名字？”

送丧的人说叫“有命”。小僧一听，摇了摇头，又问：“名字叫有命，为何却没命了呢？”

送丧的人讥讽小僧道：“名字仅是一种符号，人都难免一死，叫有命者不一定会长寿，叫无命者也并非会短命，你为何这么糊涂？”

小僧边想边继续往前走。他经过一户富人家，看见大门口跪着一个仆人，主人正在用鞭子抽打他。

小僧见仆人非常可怜，就问主人：“你为何这般打他？”

主人气愤地说：“他借了我的钱不还，我不该打他吗？”

小僧想：若我取名字，定要取个听起来多福的。于是又问：“他叫什么名字？”

主人说："他叫福来。"

小僧又问："这名字很吉利啊。为什么无钱还债，还要挨打呢？"

主人听了讥笑他说："叫福来又怎么样，他还是一个仆人，名字只是符号罢了，它与还不还债有什么关系呢？"

小和尚若有所思，但又不甘心如此便回，于是继续寻找。

他又遇到一个迷路人，问："你叫什么名字？"那人说："指南。"小僧很是好奇，就问他："你名为指南，为何也会迷路？"

迷路人哈哈大笑："名字只不过是符号而已，难道叫指南就不会迷路了吗？"

小僧无言以对。

最后他终于抛弃了对名字的执着和偏见，回到禅师身边。师父问他是否找到了满意的名字，小僧懊悔地说："我不再找了，我还是叫原来的名字吧，它只不过是一个符号而已。"师父满意地颔首而笑。

佛心道智

有个好名字的愿望原无可厚非，但是所谓什么"名字决定一生"的说法纯属无稽之谈。动辄为起名字花上千、上万元，更是荒唐之举。难道把名字起为"上帝""皇上"就能人如其名吗？

18．你是如何看待自己的

一青年向一禅师求教："大师，我有一件事不明白，它使我整夜睡不好觉，也使我很迷惘，希望您能帮我指一条出路。"

禅师没有说话，青年继续说："有人赞我是天才，将来必有一番作为；也有人骂我是笨蛋，一辈子不会有多大出息。您看呢？”

“你是如何看待自己的？”禅师反问。

青年摇摇头，一脸茫然。

禅师说道：“譬如同样1斤米，用不同眼光去看，它的价值也就迥然不同。在炊妇眼中，它不过做两三碗米饭而已；在农夫看来，它最多值几个铜板罢了；在卖粽子人的眼中，包扎成粽子后，它可卖出三倍的价钱；在酿酒者眼里，它可以酿成好酒，卖出几十倍的价钱；在饥饿的人的眼中，它值一条人命……不过，米还是那斤米。”

禅师顿了顿，接着说，“同样一个人，有人将你抬得很高，有人把你贬得很低。其实，你就是你。你究竟有多大出息，取决于你到底怎样看待自己。”

青年豁然开朗。

佛心道智

同样一个人，有人将你抬得很高，有人把你贬得很低。其实，你就是你。你究竟有多大出息，取决于你到底怎样看待自己。